地元メディアが見た

二階俊博　力の源泉

目　次

はじめに

はじめに

77歳の最高齢で自民党の幹事長に就任した。在職期間は4年を超え記録を更新中だ。その間、自民党は国政選挙で3連勝し、党則の改正によって安倍晋三首相の「在任日数歴代一位」を実現した。首相の突然の辞任表明のあと、ポスト安倍の政局でいち早く流れを作り、菅義偉政権誕生の立役者となった。

二階俊博幹事長は、どのように大きな政治力を発揮しているのか。政治マスコミはその一挙手一投足に注目している。そもそも二階氏のその「力の源泉」はどのようなものであり、どうして生まれて来るのか――本書のテーマは、まさにそこにある。

２０２０年2月5日、和歌山放送は「二階俊博・政治生活45年を振り返って」をテーマにした講演会を和歌山市内で開いた。地元の有権者ら４００人を前に二階氏はメモを用意し、代議士秘書、県議時代からの政治活動を回顧し、政治信条や力を注いだ政策について熱っぽく語った。

その講演を本にしてほしいという「二階ファン」に背中を押され、私たちは出版作業にとりかかった。調べてみると、二階氏が和歌山放送の番組に出演した回数は、県会議員時代や駆け出し代議士のころも含めれば１００回を大きく超えていた。

和歌山放送は和歌山県内を圏域とする小さなラジオ局だが、メディア業界の中で二階氏への取材回数が突出して多いのは間違いない。二階氏が「和歌山放送にはウソをつけないよ」と冗談めかして言うように、相当な量の「二階氏のナマの声」を保存している。

二階氏の「力の源泉」を見出すにはどうすればいいのか。あれこれ考えた結果、取材で蓄えた発言の数々を拾い、それを分析、編集することで大手メディアとは異なる「自前の政治ジャーナリズム」として発信できないか、という発想が生まれた。

その試みは、高校球児の甲子園大会の報道をイメージしてもらえばわかりやすいと思う。試合の結果は全国ニュースとして報じられるが、選手の活躍ぶりや応援席の熱気を詳しく地元に伝えるのは、全国紙の地方版または地方新聞、ローカル放送局だ。そうした報道が甲子園の魅力を支えているはずだ。

政治報道にも相通じるものがある。政治家の活動に熱い視線を送っているのは、出身選挙区の有権者だ。檜舞台の国会でどんな活動をしているのか。

和歌山放送は和歌山県出身の政治家が閣僚になった時には、必ず「新大臣の抱負」を特別番組で放送する。二階氏の場合は党の3役ポストへの就任、さらには中国、韓国、アメリカなどへ外国訪問にも記者を同行させて特別番組を放送した。

講演の中で二階氏は、「国土強靭化」と「観光立国」の取り組みに力を入れてきたことを強調した。和歌山は江戸末期に安政南海地震に見舞われ、度重なる台風被害も経験している。その体験があったからこそ、二階氏は自然の猛威に打ち勝つための国土強靭化のプロジェクトをけん引してきた。

和歌山県は、東名・名神高速道路や新幹線の国土軸から外れ、「近畿のオマケ」とまで揶揄された。そんなふるさとの産業振興には「紀伊半島一周高速道路」が必要だと40年以上も前から訴え続けてきた。郷土の豊かな自然や歴史は、交通の便が良くなれば立派な観光資源にもなる。二階氏は地元の観光振興を出発点として、小泉政権時代に「観光立国」への道を切り開いた。

国連が制定した「世界津波の日」の11月5日は、安政南海地震が起きた日で、篤志家の濱口梧陵が稲むらに火を放って急を知らせ、津波から村人の命を救った逸話が残っている。その日を日本の「津波防災の日」に指定する法整備をし、さらに「世界津波の日」まで作ってしまったわけだ。

安倍前首相は、二階氏について「党で最も政治技術を持った方」と評した。まさに二階氏はその技術を駆使し、「キングメーカー」として政治を動かし、さらには中国や韓国をはじめアジア各国と活発な議員外交を展開している。

人間関係を大切にして内外に幅広い人的ネットワークを築いてきたが、その陰には「二階流のGNP」があるという話も聞いた。義理（G）と人情（N）。そしてプレゼント（P）。プレゼントには温州みかんや南高梅などを贈るそうだ。議員外交では地元産品をお土産として首脳に贈るわけだから、PはPRの意味もある。

しかし、そうした政治的なテクニックよりも私たちがより注目するのは、二階氏のぶれない政治信条だ。政治の師である田中角栄元首相がその著書「日本列島改造論」で訴えた「国土の均衡ある発展」だ。それは二階氏の「国土強靭化」や「観光立国」の理念として受け継がれている。地方の政治家だからこその視点だ。

さらにその視点は社会的弱者にも向けられる。２０２０年1月の通常国会で代表質問に立った二階氏は、中高年のひきこもりや在宅介護の家族、特別支援学校の声にも耳を傾けるように政府に訴えた。代表質問のあと二階氏は、記者団にこう語った。

「普段見過ごされがちな弱い立場の方々の困難にも寄り添って、政治のひかりを当て続けていくことが、わが党の政治だということをご理解いただきたいという思いがあるわけですが、総理をはじめ関係者の皆さま方にも理解していただけたと思います」

これは時に強権的だと批判される安倍首相や党内へのメッセージだろう。大手マスコミは取り上げなかったが、二階氏らしいもの言いだ。

「権力チェック」がジャーナリズムの「大義」だとしたら、本書は権力者である二階氏への「思い入れが」過ぎるのではないか。こんな批判めいた声も出てくるかもしれない。

だが、二階氏の「力の源泉」のひとつとして、ふるさとや弱者への思いが活動の支えになっていると私たちは見る。さらには、高校球児ではないが、地元の理解と支援が二階氏の政治活動の大きな糧となっているに違いない。また、私たちは今回、番組を活字化することで、ラジオの新たなポテンシャルを見い出せたような気がする。
なお、本書に登場する方の肩書は当時の職名です。また、ラジオ番組で放送した発言を活字にする際、一部に修正した部分があることをお断り申し上げます。

2020年12月 和歌山放送報道制作部

第1章　菅政権と辣腕幹事長

◆二階幹事長、5期目も続投へ

「故郷、自分を生み育てていただいた和歌山のご恩にいかに報いるか。同時に地域の要望にどう応えるか。私はもっともっと発展すべきだということを思っております。今もその気持ちに変わりはありません。ふるさとのことは、片時も忘れることなく取り組んでいく。そういう気持ちです」

二階俊博幹事長の幹事長としての通算在職日数が歴代最長となった2020年9月8日。冒頭のコメントは、この日和歌山放送が放送した「幹事長在職最長記念」特別番組での二階氏の肉声だ。

国権の最高機関である国会の議員バッジを胸に着けると、天下国家は語っても「地元のことは地方の政治家に……」などと口ごもる国会議員が少なくない。しかし、二階氏の場合は駆け出し議員のころから政権与党の幹事長になったいまも、一貫して「ふるさと第一」を広言する。それを象徴するように特別番組はオープニングに二階氏のコメントを流した。

「地元メディアのインタビューだから」「和歌山県民向けのリップサービスではないか」などと見る向きがあるかもしれないが、「国土の均衡ある発展」「地方と中央の格差の是正」は、政治家を志した時からの二階氏の変わらぬポリシーである。言葉を替えれば「地元の遅れ＝格差」を取り戻すのが使命だと考え、政治活動に取り組んできた。

二階氏にとっての和歌山への貢献は、いわゆる地元への「利益誘導」とはひと味違う。和歌山県民のニーズは、他の地方の住民が求めていることにも通じる。だったらそれを国の政治課題として幅広く議論し、国の施策として実現することが必要ではないか。過疎対策、半島振興、そして基本は道路整備だ。目的は地域経済の振興だけではない。災害が起きても道路が整備されていなければ救援に駆け付けることができない。そのための公共事業が必要だ。そうした事業をやり遂げるため二階氏は努力を重ねてきた。

ところで、特別番組のテーマは「故郷と共に～政治家・二階俊博」。ナレーターが番組の狙いを次のように語る。

ナレーター　和歌山県御坊市出身の自民党・二階俊博幹事長の幹事長在職日数が今日(9月8日)、1498日となり、田中角栄元首相を抜いて最長となりました。田中元首相は、二階幹事長にとって政治の師です。二階幹事長は、恩師の記録を塗り替え、恩返しをしたとも言えます。今日(8日)はたまたま自民党総裁選の告示の日です。総裁選に対しては、菅義偉官房長官の支持を最初に打ち出すなど二階幹事長が大きな流れをつくりました。そうした中で、二階幹事長は幹事長在職最長の記録を塗り替えたわけです。二階幹事長自身はそのことをどのように受け止めているのか、地元・和歌山県の各界の人たちや中央政界の人たちはどのように見ているのか、二階幹事長本人のインタビューも含め2時間の特別番組でお伝えします。

「この番組は、………各社の提供でお送りしております」。コマーシャルを挟んでナレーターが番組を進行させる。

ナレーター 二階幹事長は、1975年（昭和50年）4月の県議会議員選挙・御坊市選挙区から立候補し、大激戦の上、110票差で現職を破って政治家デビューして以来、県議会議員2期8年、1983年（昭和58年）12月に衆議院議員選挙に当選し、12期37年合わせて45年の政治家歴となります。

二階幹事長は、「紀伊半島に位置し、道路整備の遅れた和歌山県にとって紀伊半島一周高速道路の建設が是非必要」と県議会議員時代から訴えてきました。また、南海トラフの大地震や各地で相次ぐ大雨による大水害を前に、防災対策・国土強靭化に取組み、「津波防災の日」や国連の「世界津波の日」を制定するなどの防災・危機管理に成果をあげてきました。一方、3000人余りの人たちと一緒に中国・北京の人民大会堂を訪れ、習近平国家主席と会談して、凍り付いた日中関係を改善するなど世界の各国首脳と会談し外交政治家としても大きな足跡をとどめています。

安倍首相の突然の退陣表明に日本中が驚き、後継総理・総裁が誰になるかが注目を集めていますが、新しい政権が誕生すると、通常なら自民党の役員も交代することになりますが、菅政権が誕生すれば二階幹事長は継続するのではとの見方もでています。二階幹事長に自民党本部の幹事長室で安倍首相が退陣表明する前日の先月27日、幹事長最長をどのように受け止めているか、インタビューしました。

インタビュアー　幹事長の在職日数が最長になりましたが、どのように受け止められていますか。

二階氏　まあ、一日一日、きょうも一日、無事に終わったと。また、あす頑張ろうということの連続であって、最長になったとか、誰かの記

インタビューを受ける二階幹事長（2020 年 8 月 27 日 自民党本部幹事長室）

録を抜かなきゃいけないとか、そんなこと考えたことは一度もない。

インタビュアー　とは言いながらも、これまでの記録を持っていたのは政治の師ともいえる田中角栄さんですね。

二階氏　その頃の幹事長というのは、なるのも大変なんだよ。無傷でその地位へ就いたかと言えば、そう一概に言えない。血みどろの戦いだ。そういうことの繰り返しだから、田中先生にしてもそういうことが激しかった時代だから……。そういうことと比べていま、大方の皆さんから自民党に熱いご支持をいただいて、そのおかげをもって党内が非常にまとまって政策本位に、派閥のことはほとんど考えずに、派閥の対策なんかに想いを致すとか、そのことに気を使うとか、派閥の領袖の了解を得るために、きょう特別にお祝いをしなくちゃいけないということは一度もなく、今日、政策本位、私はだんだんと理想的な姿になったと感謝している次第です。

ナレーターが触れたように、インタビューを自民党本部の幹事長室で行ったのは8月27日午後のこと。安倍晋三首相が辞意表明する前日だった。

二階氏の口からは安倍首相の体調不良に関する話はまったく出なかった。私たちも安倍首相の病気のことや、その後に首相の座を射止めた菅義偉官房長官の話については触れることはなかった。その時は、後に二階氏が主導する形で急転直下、菅首相誕生への道筋ができるとは思いもよらなかった。

ただ、後から振り返ってみると、二階氏は在職日数の記録更新の話から唐突に「派閥」のことにまで話を広げたのはなぜだったのか。安倍政権が末期的な状況になっていたのに「政策本位、私はだんだんと理想的な姿になったと感謝している次第です」と語ったのも、気になる発言だった。すでに二階氏は頭の中で安倍首相退陣、ポスト安倍の菅政権誕生への動きを想定していたのではないか。

地元メディアとして二階氏と長い間付き合ってきた立場から見ると、政局が大きく動く時、その中心に二階氏がいることが多々あった。常に政治の動きの先を読み、ひそかに行動するのが二階流だ。かなり前から嗅覚を働かせ、水面下で菅氏から政権への意欲を感じ取っていたのではないか。

というのは、毎日新聞は9月13日の朝刊1面トップでこんな記事を掲載した。菅氏と二階氏が8月29日午後8時ごろ、衆院赤坂議員宿舎の応接室で会談。呼びかけたのは菅氏で、同席した森山裕国対委員長、二階氏の側近の林幹雄幹事長代理を前に菅氏は「今回の総裁選に出ようと思っています。よろしくお願いします」と頭を下げた。これに対し二階氏は「応援するから、しっかりやれ」と激励したという。

二階派は翌30日にいち早く「菅氏支持」を決めた。その政治的インパクトは大きかった。9月1日には細田、麻生、竹下、石原の各派が続き、雪崩を打つように菅政権への流れができた。

しかも、二階氏は総裁選について「幹事長一任」を取り付けた。コロナ禍の困難な状況の中で「政治空白を作ってはならない」と、党大会に代えて国会議員と都道府県連代表による両院議員総会の投票で選出することを決めた。これによって国民的人気が高いと見られていた石破茂氏を退け、菅氏が優位に立つ状況が確実となった。


一方、若手議員から党員投票を求める声が出たため、二階氏ら党執行部は各都道府県連に3票の投票先を決める際には予備選挙を行うよう奨励した。予備選挙は次期衆院選に向けての選挙準備にもなる。そんな思惑を働かせるのも二階流のように思えた。


話は変わるが、その7カ月前の2月5日、和歌山放送は二階氏の政治生活45周年の講演会を和歌山市内で開催した。

県議会議員2期8年と衆議院議員12期37年。昭和、平成、令和の3つの時代にわたる政治活動は45年の長きにわたる。加えて二階氏は大学を卒業後、衆院議員の秘書を11年間務めている。秘書時代を含めた政治キャリアでいえば、半世紀をゆうに超える。

ノンフィクション作家の石川好氏は２０１７年９月に「二階俊博全身政治家」（日本僑報社刊）を出版した。「全身政治家」とは言い得て妙である。私たちの目にも二階氏の政治に没頭する姿しか映らないのだ。

二階氏はその講演で自らの政治活動45年の歩みを振り返った。

また、二階氏に関する著書を多く出版してきた作家の大下英治氏が「政治家・二階俊博の凄み」と題して講演した。大下氏は二階氏の政治活動を様々な角度から記録、分析してきた異能のライターである。

大下氏は講演で二階氏とともに菅義偉官房長官を取り上げ、この2人を「喧嘩のできる政治家」として紹介した。意味するところは、強い政治力を持つということだ。菅氏は田中政治の流れを継ぐ竹下派7奉行の一人の梶山静六氏に師事した。菅氏も二階氏と同じく角栄氏のＤＮＡを受け継ぐ。「2人の最強の政治家」が安倍政権を支えていたからこそ、「安倍1強」の政治が長期にわたり続いてきというたわけだ。最強の２人は互いにその力を認め合い、気脈を通じて政権を支えてきた、というのが大下氏の見立てだ。

「二階俊博全身政治家」では、菅氏を安倍政権の「ひじ掛け」、二階氏を「背もたれ」に例えた。「お友達内閣」と揶揄され、短期で崩れ去った第一次安倍政権の反省を踏まえ、安倍首相は「ひじ掛け」と「背もたれ」を備え、政治に専念できたというわけだ。

二階氏と菅氏が互いの政治力を認め合っていることは、各紙の政治報道からも見て取れる。菅氏が昨年の役員人事で二階氏の幹事長続投を進言したと報じられたのも、二階氏の政治力を知り尽くしているからだと解釈できる。二階氏が安倍後継は「あんたしかいない」と菅氏に語ったという報道もあった。

二階氏は月刊「文芸春秋」の2019年5月号のインタビュー記事で、こんなことを話している。一年後を見通した発言のようだ。

「ポスト安倍の最大の惑星は菅義偉官房長官ではないか」という質問に対し、二階氏は「菅さんはこの難しい時代に官房長官として立派にやっておられますね。それは素直に評価に値すると思っています。また、彼はそういうこと（ポスト安倍の総裁候補）にも十分耐えうる人材だとも思っています」と述べている。

この発言からもわかるように、二階氏は菅氏の政治家としての力量を高く評価している。菅氏も二階氏の政治力に大きな信頼を寄せ、昨年、安倍首相の二階氏の幹事長続投を進言しただけでなく、自らの政権でも幹事長の続投を即決した。こうしてみると、二階氏は在職日数の「最長の幹事長」であるとともに、「最強の幹事長」でもあるように私たちの目には映るのだ。

◆幹事長と前官房長官の関係は

菅義偉官房長官は9月14日の自民党の党大会に代わる両院議員総会で377票を獲得、総裁に選出された。岸田文雄氏の89票、石破茂氏の67票を大きく上回る大勝である。14日には二階幹事長の続投など党4役を指名した。そして2日後の16日に衆参両院で第99代の首相に選ばれた。ただちに組閣が行われ、菅政権が誕生した。

安倍首相の辞意表明から約2週間。繰り返しになるが、ポスト安倍の菅政権発足への道筋を切り開いたのは二階氏だ。さらにコロナ禍から社会経済の再生、米中の関係悪化など流動化する国際情勢の中で菅政権が船出した。それを支える二階氏の責任もまた大きい。

これからの日本の進路のかじ取りをする実力政治家の二階俊博、菅義偉の両氏はどんな関係にあるのか。いつごろからどのような付き合いをしてきたのか。

その前に自民党幹事長と内閣官房長官というポストについて簡単に触れておきたい。

自民党の党則では8条に「幹事長は総裁を補佐し、党務を執行する」とある。トップである総裁は内閣総理大臣として国政を運営するため、幹事長は党務の執行を任されている。選挙、人事、経理など党務の全般にわたって責任をもつ。

自民党幹事長は、野党の代表と同様の権限を持つことになるわけだ。与党が衆院の議席の過半数を維持できなければ、野党に政権を譲らねばならない。幹事長は大きな権限を持つとともに重い責任も背負わねばならない。

一方、官房長官については、内閣法13条で「内閣官房の事務を統括し、職員の服務につき統括する」と定めている。官房長官は、首相の右腕として政府の政策の全般を取り仕切る番頭役だ。内閣の要である。

政府と与党の間に政策や野党対策などに齟齬があっては、政権の維持がおぼつかなくなる。そこで政府と自民・公明の与党の意思疎通を図るのを目的に政府・与党連絡会議が定期的に開かれている。その会議で中心的な役割を担っているのは、幹事長と官房長官である。

二階氏と菅氏は、政治家としてどのような関係にあったのか。二階氏は1983年に初当選し田中派に所属した。しかし、10年後に離党し小沢一郎氏らとともに新生党の結成に参加した。10年間の野党時代を経て自民党に復帰したのは2003年のことだ。

菅氏は1996年に初当選した。

年齢でいえば二階氏の方が10歳年長で、衆院の当選回数でも二階氏の12回に対し菅氏は８回。二階氏は自民党からの離党、復党の紆余曲折があったが、政治的キャリアでいえば二階氏の方が先輩格だ。

共通点はいくつかある。ともに衆院議員秘書を11年経験したあと、地方議員（二階氏は和歌山県議、菅氏は横浜市議）を２期務めた。菅氏の政治の氏は田中派の有力議員だった梶山静六元官房長官だ。２人は田中派のＤＮＡを引き継いでいるという点では似た体質があるのかもしれない。また議員秘書、地方議員を経験した「党人派」ということでも、相通じるものがあるようだ。

二階氏と菅氏は、いつごろからどのように交流するようになったのか。

この点について二階氏は、はっきりした記憶はないという。２人が自民党内で活動するようになったのは二階氏が復党する２００３年以降だが、第一次安倍政権では二階氏は国対委員長、菅氏は総務相を務めた。その後は首相在任７年８カ月の最長を記録した第二次安倍政権で菅氏が官房長官を、二階氏は２０１４年から総務会長、２０１６年からは幹事長として政権を支えてきた。

安倍政権を支えるという至上命題を背負うことで、官房長官と幹事長が濃密な関係になったことは想像に難くない。「森友・加計学園問題」や「桜を見る会」などで安倍首相は野党や世論の批判を浴びたが、政府と党で「防波堤」となったのは両氏だ。２人の関係がぎくしゃくしていたら、記録に残る長期政権は維持できなかっただろう。

二階氏に菅氏に関していくつか質問した。

――かつて幹事長と官房長官の立場でどんな付き合いをされたのでしょうか。

二階氏 特に何を協議したということではないが、いろいろな場面でお目にかかれば意見交換をします。お互いに意見の相違というものもありません。今度の自民党総裁選におきましても、我々はグループを挙げて真っ先に支持表明した。今日までの彼の実績を我々が評価したからです。頼まれたとか挨拶を受けたとかではなく、菅さんが一番（適任）だと思った。そこで我々グループは一致結束して応援体制に入ったわけです。

――首相としての菅さんのどのような点を評価されていますか。

二階氏 一番の特徴は粘り強いということですね。それと信念というか、これと決めたらなかなか譲らない。まっすぐその道を進む努力をされるところが素晴らしい。要するにリーダーがふらふらしてはダメなんです。人の意見を聞くことも大事ですけれど、トップに立った以上、決断をしなければならない。決断力という意味では、最も信頼できる指導者だと評価しています。

――菅首相は縦割り行政の打破、規制改革などを訴えていますが。

二階氏　そこのところは頭を柔軟に考えなくては。役人、その立場にある人もそのポジションを守ろうとするのは当たり前でしょう。役人が言うべきこと、政治家の立場から耳を傾けることがあれば、大いに傾聴すればいい。ただ、役人の言いなりになるのであれば、役人に政治をやってもらえばいい。我々は選挙の洗礼を受けて国民の代表として国会に送られているわけです。役人の説教を聞いているだけではダメですね。

二階氏はこの話に関連して元建設相の遠藤三郎衆院議員に秘書として仕えた昭和の時代の思い出を語った。遠藤氏については後に詳しく述べるが、農林省出身で和歌山県に経済部長として出向し、県会議員だった二階氏の父、俊太郎氏と親しく付き合った。その縁があって遠藤氏の秘書になった。遠藤氏から秘書時代に政治家とは何か、官僚とはどのような存在なのかを学んだ。

戦後、首相の多くは官僚出身だった。

平成以降は官僚出身の首相は、大蔵省ＯＢの宮沢喜一氏以外は出ていない。政治の表舞台で活躍できる官僚が少なくなったのは事実だ。

菅政権が強調する「縦割り行政の弊害の除去」は、確かに重要課題である。二階氏はそのことの必要性は認めている。ただ、官僚側にも言い分があるだろうから、政治と官僚の双方が納得できる道を探ることを求めているように感じた。

二階氏は一方で、時代の変化に対応できる官僚組織でなければならないとも言う。「時代が昔と違いますから」とも付け加えた。

「令和のおじさん」の菅首相を昭和、平成の波乱含みの政局を乗り切ってきた二階氏がどのように支えていくのか。コロナ禍という重い課題を背負った菅政権は、菅―二階ラインの政治主導で社会経済活動の再生を探っていくことなる。

◆自助・共助・公助は防災から

菅内閣は9月16日の初閣議で今後取り組むべき基本方針を決めた。

その中で「我々の目指す社会像は『自助・共助・公助、そして絆』であり、その認識の下、地方の活性化、人口減少、少子高齢化をはじめ山積する課題を克服していくことが、日本の活力につながるものと確信している」と述べた。

そのうえで「行政の縦割りや前例主義を打破し、既得権益にとらわれず規制の改革を全力で進める」と決意を表明した。

菅首相は自民党総裁就任直後のＮＨＫのインタビューでは「自助・共助・公助」と書かれたフリップを手に「まず自分でできることは自分でやる。自分でできなくなったらまずは家族とかあるいは地域で支えてもらう。それでもダメであれば必ず国が責任をもってくれる。そうした信頼ある国づくりというものを行っていきたいと思います」と述べた。

これは菅内閣のスローガンと言えるものだが、そもそも阪神大震災を契機に防災の分野で使われるようになった概念だ。総務省消防庁はホームページで、その意味するところをこう書いている。

「『自助』とは、家庭で日頃から災害に備えたり、災害時には事前に避難したりするなど、自分で守ることを言う。『共助』とは、地域の災害時、要援護者の避難に協力したり、地域の方々と消火活動を行うなど、周りの人たちと助け合うことを言います。『公助』とは、市役所や消防・警察による救助活動や支援物資の提供など、公的支援のことを言います。災害時には、自助・共助・公助が互いに連携し、一体になることで、被害を最小限にできるとともに、早期の復旧・復興につながるものとなります」

さらに政府が２０１８年12月に閣議決定した「国土強靭化基本計画」の改定版にも『自助』、『共助』及び『公助』を適切に組み合わせ、官と民が適切な連携及び役割分担して取り組むこととし、特に重大性・緊急性・危険性が高い場合には、国が中核的な役割を果たすこと」が明記されている。

この基本計画は、東日本大震災を受けて二階氏が主導して2013年12月に制定した国土強靭化基本法に基づく国家プロジェクト。大規模災害に打ち勝つための「国家百年の大計」の国づくりでもある。安倍政権はその国土強靭化を成長戦略の柱の一つに位置付けた。

国土強靭化基本法は、その言葉のイメージから当初、「公共事業のバラマキを連想させる」との懸念の声が出た。防災・減災は二階氏のライフワーク。ふるさと和歌山はたびたび大きな災害に見舞われ、江戸末期の安政南海地震の際には篤志家が収穫した稲むらに火を放って津波から村人を救った「稲むらの火」の逸話が残る。

東日本大震災は歴史に残る大惨事となったが、30年以内には南海トラフ、首都直下の大地震が起きる確率が高いとされる。南海トラフ地震では死者32万人超、損害額は約220兆円と想定される。2万人近い死者行方不明者を出した東日本大震災と比べても、けた外れに大きな被害だ。目の前に迫る自然の猛威に対し、政治が手をこまねいているわけにはいかない、という強い危機意識が「国土強靭化」の出発点だ。首相を本部長とする全閣僚参加の「国土強靭化推進本部」が政府内に設置され、安倍政権時代に重要施策として取り入れた。それは菅内閣にも引き継がれたが、菅氏は官房長官としてすでに政府内における国土強靭化のけん引役でもあった。

コロナ禍もあって水害の復興が進展しない中で２０２０年8月、菅官房長官は群馬県みなかみ町にある東京電力の須田貝ダムを視察した。発電用のダムを治水にも活用する取り組みを確認するのが目的だった。菅氏は現地で記者会見し、「全国９００のダムは洪水対策には使われていなかった。縦割り行政の弊害を除去して方針を見直した」などと治水のあり方について政策の方針転換に言及した。

政府は相次ぐ水害を受け、利水にも使う多目的ダムを集中豪雨の際に治水対策に使う方策を検討していた。多目的ダムは経済産業省や農林水産省、厚生労働省など関係する省庁が異なり、地元の自治体などとの調整も必要だったが、管氏はこうした縦割り行政の弊害を政治の力で取り除き、多目的ダムを機動的に治水にも活用するよう関係各省に指示していた。

その取り組みは、6月4日の関係省庁の会議で報告された。水力発電や農業用水などに利用するダムを洪水対策に活用するため、関係機関との協定がすべての1級河川について締結され、豪雨時に活用できるダムの治水容量は2倍に増えたというのだ。

検討会議の約一カ月後の7月9日、長野県の地元紙・信濃毎日新聞が「ダム事前放流　木曽川の水量減　氾濫の危険抑える」という記事を掲載。梅雨前線の影響による7月上旬の大雨の際、長野県や関西電力などが管理する長野県内13カ所のダムが、降雨のピーク前に「事前放流」を行ったことを報じた。

木曽川水系の8ダムは5日午後、9日未明までの予測降水量が基準を上回ったため放流を開始。水資源機構の牧尾ダムが約1500万トン、関西電力の三浦ダムが約2500万トン、他のダムは3万トンから100万トンの容量を確保した。このため8ダムの洪水調整機能が働いて下流への流量を減らしたことで、大きな被害を免れたという。

長野県と言えば、2001年に作家の田中康夫知事が「数多（あまた）の水源を擁する長野県に於いてはでき得る限り、コンクリートのダムは造るべきではない」と「脱ダム宣言」を発表した。ダム建設を巡っては今なおさまざまな議論があるが、「国土強靭化」の取り組みの中で、政府は「脱ダム」からダムをより有効に利活用する「活ダム」に舵を切った。二階氏の国土強靭化の事業実施段階で壁となっていた縦割り行政の障害を菅氏がリーダーシップを発揮して取り除いたわけだ。

縦割り行政の打破といえば、2018年12月の出入国管理難民認定法改正も菅氏が官僚側の抵抗を突破して「国の門戸」を開いた。これは外国人労働者受け入れに政府が舵を切る大きな方針転換だった。「特定技能」という新たな在留資格を設け、受け入れ後の「共生社会」の仕組み作りにも着手した。中小企業などの深刻化する労働力不足を解消するのが狙いだったが、警察庁などが反対した。

官僚側の抵抗を抑えるため、菅氏は西日本新聞社の「新 移民時代」のキャンペーン報道を活用した。同社幹部によると、単行本になった「新 移民時代」を関係省庁の幹部に読ませ、取材班のキャップを官僚向けのヒアリングに招いた。それでも反対論があったため、首相の話を持ち掛け最後は「首相判断」で入管法改正に踏み切った。

安倍首相が「移民政策はとらない」と声高に繰り返す中、政府は「外国人受入れ拡大と共生社会」の実現に向け大きく歩を進めた。入管政策にも詳しい菅氏ならではの政治力を発揮したわけだ。

菅首相が言う「既得権益にとらわれない規制改革」は、政治がこれまで何度も挑戦してきた課題だ。役所の抵抗をどう抑えるか。いわゆる「族議員」が省庁の側に立って障壁を作ってきたという過去の歴史がある。

菅首相は内閣人事局で官僚人事を支配することで、「役所の壁」を突破できるのかどうか。族議員の支持と理解を得るためには自民党サイドの協力が不可欠だ。菅―二階ラインの政治力が問われることになる。

◆「Ｇｏ Ｔｏトラベル」は二階プロジェクト

「わが国において地域を支えているのが、観光産業の皆さんだというふうに思っております。ホテル、旅館のほかに、バス、タクシー、食材、お土産屋さん、こうした中で、約９００万人の方々が働いておられます。７月から「ＧｏＴｏキャンペーン」を通じて、まずはこうした方々に現状を乗り切っていただいて、そういう思いで支援を行っております」

菅義偉首相は２０２０年９月29日に開かれた政府の観光戦略実行推進会議の挨拶でこう語った。５年前に発足したこの推進会議は首相を議長として関係閣僚や民間の有識者で構成される。この日は第39回の会議で、10月１日から「ＧｏＴｏキャンペーン」が東京でも実施されるのを前に菅首相が官民の関係者にハッパをかけた格好だ。

新型コロナウイルス感染拡大は、観光業者に深刻な打撃を与えている。全日空や日本航空、ＪＲや私鉄各社の交通大手はもとより、地方経済を支える中小零細の企業や商店、さらには、農業などの関連業界も含めれば、その影響は２０００万人に及ぶという。

コロナ禍における社会経済活動の再開、経済の回復には、まずは観光業の「復活」が欠かせない。菅首相は10月26日の臨時国会の所信表明演説でも「ＧｏＴｏキャンペーンにより、旅行、飲食、演劇やコンサート、商店街のイベントを応援します」と述べた。「ＧｏＴｏ」に対して感染を助長するのではとの批判の声があるのは事実だが、感染を食い止めるとともに自粛ムードを振り払い、人々に活動を促すのも政府の極めて重要な仕事だ。

キャンペーンの柱の「ＧｏＴｏ トラベル」は、旅行需要を喚起するための官民が一体となった取り組みで、旅行代金の「2分の1相当」を政府が補助する仕組みだ。７月22日に始まり、予算規模は1兆３５００億円にのぼる。ただ、コロナの感染が下火にならない東京は除外されていた。

そもそも観光といえば、自民党の二階幹事長のライフワークとも言える事業である。中小の旅行代理店など５８００社で構成する一般社団法人「全国旅行業協会」の会長として30年近く観光振興の旗振り役を務めている。決してお飾りの会長ではなく、実務も含め抜きんでた知見を持つ。関係者から一目置かれ、名実ともに「観光のドン」である。

二階氏は１９９０年に海部俊樹内閣で運輸政務次官を務め、ワシントンで開かれた第一回日米観光協議の共同議長を務めたことで、初めて観光分野の国際舞台に立ったが、それ以前から観光との深いつながりがあった。富士の裾野を選挙区とする遠藤三郎衆院議員の秘書時代に地元の観光業者と深く付き合い、故郷には南紀白浜や那智勝浦といった観光地があり、県議会議員としても観光振興に取り組んだ。

全国旅行業協会の会長には、１９９２年9月に当時の奥田敬和運輸大臣の勧めがあって就任した。その翌年には細川護熙内閣で再び運輸政務次官に就き、１９９９年の小渕恵三内閣では運輸大臣として観光行政をけん引した。

政府が「観光立国宣言」をしたのは２００３年1月のことだ。小泉純一郎首相が「２０１０年に訪日外国人を１０００万人にする」と宣言し、外国人観光客を呼び込む「ビジット・ジャパン・キャンペーン」をスタートさせた。当時、二階氏は自民党と連立を組む保守新党の幹事長だったが、個人的にも親しい小泉首相に働きかけ、プランナーとして「観光立国」への道筋を切り開いた。

保守新党はその年の11月に自民党に合流し、二階氏は同党観光対策特別委員長に就任した。その後、2004年10月に国土交通省に観光庁が創設されたが、それを主導したのも二階氏である。さらには大学関係者に観光学部や観光学科の設置を働きかけ、和歌山大学には2008年に国立大学初の観光学部が誕生した。また、海外への修学旅行を高校などに呼びかけた。

二階氏はフラワーツーリズムも提唱したが、ハス栽培の普及を外交に活用する「ロータスロード」の呼びかけは二階氏ならではの取り組みだ。第7章でも触れるが、自分の出身校である県立日高高校の恩師が古代遺跡から見つかったハスの種を開花させた大賀一郎博士の弟子だったこともあり、観光を通じてハスの花を中国、インド、ベトナムなどに広げた。

自らシンクタンク「日本観光戦略研究所」を立ち上げ、2005年4月には自著「草の根観光交流—LOTUS ROAD」を出版した。同書には二階氏の記念講演、寄稿文、インタビューなどが掲載され、二階氏の観光に対する知見や理念が盛り込まれている。

その中で二階氏は「観光は平和へのパスポートだ」として、平和産業としての観光をアピールしている。戦争になったら観光どころではない。観光客は紛争地も敬遠する。二国間関係が悪化すると、観光を通じた人的な交流も停滞する。裏を返せば、観光を通じた交流の人的拡大は、平和の世界の構築につながる、というわけだ。

こうした理念は、長年の経験の積み重ねがあって培われたものだが、ここで触れておかねばならないのが「日本の観光を考える百人委員会」の設置だ。1993年9月に運輸政務次官に就任すると、新たな視点で観光の未来像を描こうと各界を代表する有識者１００人を委員として選んだ組織だ。全国旅行業協会に事務局を担わせ、都道府県にも独自の百人委員会が設置された。観光立国を築くには、全国各地に観光立県を育てなければならないと考えたからだ。

百人委員会は１９９７年９月に「21世紀の日本の観光に対する12の提言」をまとめた。提言は「観光立国の視点に立った国づくり、街づくりの推進─観光立国のための新観光基本法の制定を」「国際観光のインバウンドとアウトバウンドの不均衡の改善」「休暇制度の改善と余暇時間の拡大」などを盛り込んだ。この提言が基盤となって日本は6年後に「観光立国」への道を歩み始めることになる。先見の明があったということだ。

二階氏は自身が中心となって、隣国の中国、韓国をはじめアジア各国に大型の訪問団を送り込み、青少年の相互交流にも力を入れる。観光産業に関係する航空、鉄道、ホテル、旅館などのトップとの対談やシンポジウムも精力的にこなしてきた。しかもその記録をきちんと書籍として残している。

２００３年3月に出版した「観光立国宣言　躍動の観光産業を語る二階俊博対談集」は、観光関係の政官財のトップクラスとともに意見を交わす中で二階氏の持論と観光の未来が縷々述べられている。二階氏が提唱した「21世紀の基幹産業」としての観光業は、着実に進化している。

「ビジット・ジャパン・キャンペーン」を通じて訪日外国人が右肩上がりで増えてきた。観光は地方の有力な産業に育ってきた。２０１１年の東日本大震災や原発事故で、一時外国人客は減少したが、業界関係者の努力もあってインバウンドの観光客は順調に伸びてきた。キャンペーン開始の２００３年には訪日外国人が５２０万人だったが、２０１３年は１０００万人を超えた。３年後の２０１６年には２４００万人を突破。２０１８年には３０００万人を超え、さらに「ラグビーワールドカップ２０１９日本大会も成功裡に終わり、訪日外国人は３１８８万人と過去最高を記録した。

政府はオリンピック・パラリンピックが日本で開催される２０２０年の訪日外国人の目標を４０００万人とし、２０３０年には年間６０００万人の実現を目指すとした。過去に例のないような急速なテンポで人口減少が進む日本は、その魅力を生かしてフランスやスペイン、イタリア並みの「観光大国」となって経済活力を維持するというのが、政府が描く青写真だった。

ところが、想定外の敵が世界の観光業を直撃した。地球規模に拡大した新型コロナウイルスによって、東京オリンピック・パラリンピックは一年延期となり、「観光立国」への歩みに赤信号がともった。２０２０年１月から５月までの訪日外国人は３９０万人にとどまり、日本政府が緊急事態宣言を発したあとの５月１カ月ではわずか１７００人だ。

新型コロナウイルスのワクチンが開発されるなどすれば、コロナ騒動もいずれは鎮静化するとみられるが、「ＧｏＴｏ トラベル」によって観光産業がＶ字回復するのかどうか。とはいえ、観光業が停滞したままでは、日本の未来はない。

二階氏は政権与党として「ＧｏＴｏキャンペーン」を強力に支援している。このキャンペーンによって、自らけん引してきた観光立国のプロジェクトを推進することを通じて難局を突破しなければならないと決意を新たにしているからだ。

地元の南紀白浜の「アドベンチャーワールド」は、パンダの里として観光客を集める。霊峰・熊野三山を目指す「熊野古道」はユネスコの世界遺産に指定され、国際的にもその名が知られるようになった。山と海の曲がりくねった道をサイクリング道路にする整備も進んでいる。地元観光の振興も、二階氏の大きな政治力があってこそだ。

◆自公連立の「原点」

菅首相は就任間もない9月27日、東京都内で開かれた公明党大会で挨拶し、公明党の赤羽一嘉国交相と進めてきた「ＧｏＴｏトラベル」と公明党女性局から要望のあった不妊治療の保険適用に触れるなど、自公連立の蜜月ぶりをアピールした。自公連立政権は両党の野党時代を除けばかれこれ20年になる。菅首相にとっても安定した政権運営をするには、公明党との連携、協力が不可欠だ。そもそも自公連立の基盤はどのようにしてできたのか。

公明党は２００６年9月30日の党大会で太田昭宏代表、北側一雄幹事長、斉藤鉄夫政務調査会

長の新たな執行部が発足、国対委員長に漆原良夫氏が選出された。

この党大会は国政進出50年を迎えた節目の大会で、「公明党は深く理念と哲学の基盤に立って、幅広い国民の理解と連帯と協力のもとに果敢に諸改革の実現に取り組みます」とする「新宣言」を発表した。

その4日前の9月26日に第一次安倍内閣が発足、自民党役員人事で二階氏は国対委員長に就任した。国対委員長の二階氏にとって最重要の課題は、自公連立の関係強化だった。党同士の関係といっても、要は政治家同士がどう理解し合えるかだ。そこで二階氏は、カウンターパートの漆原氏にこう声をかけた。


「ウルさん、和歌山に来ませんか。私の地元をご案内します」——。


2007年2月17日午前9時過ぎ、漆原氏が乗った日航機が和歌山県白浜町の南紀白浜空港に到着した。迎えたのは二階氏と西博義公明党衆院議員（近畿比例ブロック選出）だ。西氏は和歌山県人で、二階氏とは旧知の仲。公明党では漆原氏を補佐する国対筆頭副委員長だった。

二階氏らがまず向かったのは車で5分ほどのところにある創価学会関西研修道場だった。二階氏がなぜ、わざわざ創価学会の関係施設に自分を連れてきたのか。不思議に思った漆原氏だった。

自公連立の原点といえる戸田城聖第二代会長の歌碑（和歌山県白浜町）

研修道場の玄関前の庭先には、創価学会の戸田城聖第二代会長の直筆とみられる碑文の石碑があった。「妙法乃　広布乃旅は遠けれど共に励まし、とも共に征かなむ」。すぐ横には「我ら戸田門下生は広宣流布のその日まで勇んで三類の嵐を乗り越え恩師のこの和歌を永遠の原点となし異体を同心として仏意仏勅のために共戦しゆくことをここに誓うものなり」と書かれた池田大作第三代会長の碑もあった。

二階氏は戸田会長の碑を指してこう言った。「我々自民、公明両党の連立は『共に励まし、とも共に征かなむ』で行きましょう」。

二階氏は創価学会の会員ではない。

漆原氏や西氏が二階氏に碑を紹介するならわかるが、二階氏から戸田会長の碑文を紹介されて漆原氏は意表を突かれた思いだった。驚き、そして感動した。漆原氏の言葉を借りれば「二階先生との〝濃厚接触の

10年〟」が始まるのだ。

公明党の自民党との連立政権参加は1999年の小渕内閣から始まるが、本当の意味での自公連立の「原点」は白浜にあるというわけだ。奇しくもこの日は、二階氏の68歳の誕生日だった。

二階・漆原の両国対委員長のラインが続いたのはわずか1年間の短い期間だったが、両氏の信頼関係を基盤に「連立のきずな」が強く、太くなってゆく。両氏はそれぞれ国対副委員長1人を加えた「2プラス2」で連日午前8時から、国会内の国対委員長室で非公式会議を開いた。「何か懸案があるから開くのではなく、課題がないときでもいろいろな意見交換をすることで相互の理解、信頼関係が深まる」。二階氏のそんな考えで始まった自公国対会議は定例化してゆく。

非公式の会議だけではない。午前9時からは自公はそれぞれに国対委員会を開き、続いて記者会見もあるが、自民党の国対委員会後の記者会見に漆原氏が同席した。二階氏は自身が記者の質問に答えたあと、「公明党さんはいかがですか」と漆原氏に発言を促す場面もあった。自公国対の事実上の共同会見だった。

さらに「時間があれば一緒に昼食をとり、夜にお互いの予定が入っていない時には夕食も一緒にした」(漆原氏)と言うのだ。

漆原氏と共に「2プラス2」に公明党から参加した西博義筆頭国対副委員長は「自公の関係は、連立与党のパートナーとして人間的信頼関係が深まり、その後の連立のあり方に大きな影響を与えた」と振り返る。

二階・漆原コンビによってできた自公の非公式な国対会議は二階氏の後任の大島理森、川崎二郎両国対委員長にも引き継がれた。自公国対の「２プラス２」は両党の人的交流の大きな柱になってゆく。それは信頼関係の構築にも大きく寄与したことは言うまでもない。

自公は民主党に政権を奪取され、２００９年10月から３年３カ月は野党の時代だった。にもかかわらず両党は親密な関係を続けた。「野党連立」などは存在しないはずなのだが、自公両党は国対だけでなく、参加者は政策担当者、幹事長、さらには選対責任者へと拡大されてゆく。

これは自公が連携して国会で与党民主党と対峙するための戦略会議だった。民主党の選挙時のマニュフェストの「ほころび」を様々な角度から研究した。鳩山由紀夫氏から、菅直人氏、野田佳彦氏へ相次ぎ首相が変わったことで民主党政権のもたつきぶりが露呈した。次期衆院選に向けての両党の選対協力も真剣に話し合われた。自公の綿密な戦略が功を奏して２０１２年12月、野田内閣を解散総選挙に追い込むのだ。

ところで、自公連立までの両党の動きを簡単に振り返ってみたい。

公明党は１９５５年に始まった自社両党による55年体制下ではずっと野党だった。初めて与党になったのは、１９９３年の細川政権の時だった。自民党は竹下派が分裂して衆院選で過半数割れし、自民党の一党優位の態勢が崩壊した。以後、政界再編の大きなうねりの中で、出入りの激しい「連立の時代」に突入する。

政策が違う政党が連立を組むことの難しさは、その後の歴史が証明する。非自民、非共産の8党連立の細川内閣は佐川急便からの1億円借り入れ問題を追及されるなどして10カ月で退陣。その後の羽田政権は社会党の離脱によってわずか2カ月の短命内閣に終わった。

代わって社会党委員長の村山富市氏を首相とする自民、社会、さきがけの連立政権が誕生した。自民党が「水と油」関係にあった社会党と連立を組んで政権に復帰した。その後、橋本、小渕政権と自民党が首相の座を取り戻すことになるが、自民党も一時期を除いては連立を余儀なくされる。


こうした中で公明党は1994年に新進党と合流して細川内閣を支えるが、下野したあとに「公明新党」と「公明」に分党、さらには分裂状態となった新進党とはたもとを分かち、1998年に「公明党」として再スタートを切ることになる。

翌1999年10月、公明党は自民、自由両党の小渕政権に参画する。自自公政権となるが、自由党の離脱に伴い保守党が参加した自公保政権などの経過を経て小泉政権から自公二党による連立政権となる。

二階氏は竹下派の分裂で自民党と決別し、新たにできた新生党に参加。その後、新進党、自由党、保守党、保守新党を経て２００３年11月に自民党に復党する。10年ぶりに古巣での政治活動を再開するわけだが、実力政治家だけに翌年の９月には党総務局長に起用される。さらに二階氏は、２００５年10月には小泉内閣の経済産業大臣として入閣し、その翌年に国対委員長、その後に総務局長を兼任しながら衆議院郵政民営化特別委員長、総務会長、幹事長へと昇り詰めていく。

◆連立維持に政治力

「自民党『一強』と言われて久しい。だが、実際には公明党との連立政権である。

この政権には、政治学の理論では説明し難い謎がある。例えば両党の重点政策を比較すると、違いが少なくない。平和と福祉を重視する公明党は民主党およびその後継政党の立場に近い。２０１６年の参院選以降、衆参両院で過半数を占める自民党は、単独政権を作ろうと思えば作れるのに、そうしない。なぜか？」

これは、「自公政権とは何か――『連立』に見る強さの正体」（ちくま新書）の一節である。著者は、政治学者で一橋大大学院教授の中北浩爾氏。平成の時代に常態化した連立政権を詳細に分析した好著だ。

自公連立政権は１９９９年に始まったが、確たる基盤を作ったのは、自民・二階、公明・漆原の両国対委員長だった。持ちつ持たれつの関係を維持し、時には双方が「我慢」をしながら20年を超える歳月がたった。

自民、公明両党は、２００９年８月の衆院選では歴史的な惨敗を喫した。自民党は３００から１１９議席に激減、公明党は議席を10失い21となった。野党に転落した自民党は総裁が麻生太郎氏から谷垣禎一氏に変わり、公明党は太田昭宏氏に代わって山口那津男氏を新代表に選んだ。敗北を受けて公明党内では「路線問題」が発生した。選挙総括の中では「福祉の党」「弱者の味方」といった公明党の持ち味を発揮できなかったとの反省もあった。衆院の小選挙区から撤退し、これまで続いてきた自民党との関係を見直すことも検討された。政権与党の民主党との連携を模索すべきとの声もあった。

しかし、一方で自公の国対委員長、幹事長の「２プラス２」などの非公式の関係は維持された。漆原公明党国対委員長の新たなカウンターパートになった大島理森自民党国対委員長は、谷垣禎一総裁を支える幹事長に就任した。漆原、二階両氏の個人的なパイプも維持された。

そうした中で、大衆受けを狙った民主党のマニフェストへの疑問や党運営の問題点が見えてきた。民主党政権の政策の行き詰まりが明確になるに連れて、公明党内では自民党との関係を維持すべきだという意見が大勢になった。

２０１２年12月の衆院選では「自公政権の復活」を前提に選挙協力が行われ、自民党が２９４

議席、公明党は31議席と大きく議席を伸ばした。民主党は57議席の惨敗、自公は3年3か月ぶりに政権を奪還した。

安倍連立政権は「アベノミクス」を看板に経済政策を進め、円安誘導や株価の上昇、失業率の低下など一定の成果を出した。とはいえ自民、公明両党は参院で過半数の議席を獲得していなかった。「ねじれ」が解消できたのは2013年7月の参院選。自民が65議席、公明党が11議席を獲得し、非改選と合わせて135議席と過半数を獲得した。自公は安定政権を取り戻した。

そのころからメディアでは「安倍1強」ともてはやされ、安倍首相の強権的な政治手法が目立つようになった。特に世論の厳しい批判を浴びたのが、内閣法制局長官を交代させるなどして進めた集団的自衛権の行使に関する政府見解の変更と、それに関わる安全保障法制の整備だ。

政府は集団的自衛権の行使について「必要最小限度の範囲を超えるもので憲法上許されない」としていたが、安全保障環境の変化を理由に「容認」に踏み切った。そのため「平和の党」を自任する公明党への風当たりが強まり、そこで公明党は憲法9条の下で許容される「新3要件」を自民党に提示した。

「わが国と密接な関係にある他国に対する武力攻撃が発生し、これによりわが国の存立が脅かされ、国民の生命、自由及び幸福追求の権利が根底から覆される明白な危険がある場合」など自衛の措置の要件を強めた。

公明党は支持者に対して議員が直接説得にあたるとともに、安保に関するビデオを見せて「平和の党」であることを懸命にアピールするなど苦労を強いられた。

公明党は、もう一つ大きな課題を抱えていた。消費税の10パーセントへの引き上げに伴う軽減税率の導入だ。生鮮食料品に加えて加工食品も対象に加えよ、というのが公明党の主張だ。加工食品に軽減税率を適用しないと、痛税感が増すからだ。

しかし、公明党の主張を飲むと、減税額が3000億円から1兆円に拡大するため、自民党税制調査会は要求を拒絶した。党税調を仕切っていたのは、旧大蔵省OBの野田毅会長だった。このため両党の協議が政策担当者から幹事長にまで格上げされても収拾の方向が見えず、公明党内には焦燥感が漂っていた。

2015年10月9日夜、公明党の国対委員長の漆原氏が自民党の総務会長だった二階氏に電話した。「何とかなりませんか。うちの党として軽減税率の件はどうにも譲れません」。二階氏は多くを語らず、「明日の朝まで待ってほしい」とだけ話した。

翌10日、「野田税調会長交代へ」のニュースが流れた。安倍総裁（首相）の決断で、新たな税調会長に同じく旧大蔵省出身の宮沢洋一氏が就任することが内定した。自民党税調会長の交代は、公明党に配慮して二階氏や創価学会幹部とパイプを持つ菅氏が安倍首相を説得したとの観測が流れた。

宮沢税調会長のもと、加工食品にも軽減税率の適用が決まった。消費税の8パーセントから10パーセントへの増税は、景気の落ち込みを回避するため2度延期され、２０１９年10月に実施された。

新型コロナウイルスの感染拡大への対応策に関しては、安倍政権が閣議決定した補正予算案を組み替える異例の展開となった。２０２０年4月15日、公明党の山口那津男代表が国民一人一律10万円を支給する「特定定額給付金」を安倍首相に要求し、首相がこれを飲む形となったのだ。閣議決定した生活困窮家庭への「一律30万円の支給」に対して国民や支持者から強い不満の声が上がっていたのだ。

前日には二階氏が「一律10万円給付」を実施すべきだとの見解を示していた。二階氏は公明党との連携を否定するが、公明党は「軽減税率導入以来の攻勢」をかけ、二階氏と山口代表が「あうんの呼吸」で政府側を押し切ったとの見方をする関係者が少なくない。

異なる政党である以上、自公が政策面で一致できないケースがあるのは当然だ。

しかし、選挙協力が双方にとってメリットがあることは共通認識となっている。公明党は衆院の小選挙区では自民党の力を借りなければ当選がおぼつかない。自民党も小選挙区で野党と対峙するためには公明票の助けが必要だ。連立政権を維持するためには、政策面でもそれぞれ我慢せざるを得ない場面もあるわけだ。

中北教授は著書の中で野党に対してこうアドバイスをする。「野党は安易に『風』を追い求めるのではなく、安定した政権運営を続けている自民・公明両党から学ばなければならないのではないか。そのためには、自公政権の強さを『連立』という視角から冷静に解き明かす作業が必要ではないか」というのだが……。

コラム

幹事長の特別補佐官

二階俊博幹事長の在職記録の更新が話題となったが、林幹雄幹事長代理も「代理」としての在職期間の記録を塗り替えた。林氏は党内の意見のとりまとめだけでなく、二階氏の特別補佐官として、政府・与党の連絡調整の場でも活躍する。

衆院千葉10区選出の当選8回。父・大観氏は元環境庁長官で、千葉県議3期務めたあと国政に転じた。地方政治を学んだ点では二階氏と相通じる点がある。すでに経済産業大臣、国家公安委員長、沖縄北方・防災担当大臣などを経験した大物議員だ。かつては山崎派に属していたが、野党時代に二階氏らとともに議員立法で津波防災や狩猟の適正化に関する法整備などに取り組んだ。「野党が主導して議員立法なんて本当にできるのか」との疑問の声があったが、二階氏は「冗談じゃない。いいものはいい、必要なものは必要だ」と言い切った。

津波対策推進法は2010年の通常国会に提案されたが、民主党の菅直人政権はこれを無視した。秋の臨時国会でも審議されず、さらに翌年の通常国会にも提案されたが、審議されないまま3月に東日本大震災が発生した。さすがに民主党も法案の重要性に気づき、3カ月後に津波対策推進法が成立した。

二階氏や林氏らは「もっと早く津波対策推進法が成立していれば、犠牲者がもっと少なかったのでは」といまも悔やんでいる。

こうした立法作業を通じて二階氏に政治手腕を高く評価された林氏は、2013年1月に二階派入りした。その際、二階氏は山崎派の会長だった山崎拓氏に「林さんにはわが派に来てもらいますが、今後もよろしくお願いします」とわざわざ〝仁義〟を切った。林氏は「二階先生らしい気配りで双方が仕事をしやすい環境を作っていただいた」と振り返る。

林氏は二階派の副会長にもなり、中国、韓国などへの二階氏の外遊にはほとんど同行する。2020年2月に和歌山市で開いた二階氏の幹事長在職最長を記念した和歌山放送主催の情報懇談会にも出席していただいた。

二階氏が2016年8月に幹事長に就任した際、幹事長代理に起用された。麻生政権時代にも約1年間幹事長代理を務めており、党務には十分に精通していた。注目されるのは、二階氏の仕事を補佐する一方で、菅義偉官房長官、森山裕国対委員長と林氏の3者で毎週1回、朝食をとりながら意見交換会を非公式に行ってきたことだ。

司令塔は二階氏だったが、政府・与党の連絡、調整の大きな役割を果たしてきた。朝食会は菅政権になり加藤官房長官と行われている。この朝食会は二階・菅両ラインの橋渡し役を演じたはずで、菅政権誕生の伏線になったのかもしれない。

政治評論家の森田実氏は、二階氏をオーケストラの指揮者とするなら林氏は第一バイオリンのコンサートマスターだという。林氏は二階氏率いる「政界フィルハーモニー」の大物演奏家というわけだ。（R）

第2章 政治の原点は和歌山に

◆ふるさとあっての二階政治

自民党は2017年3月の党大会で、総裁任期を3期9年に延長するため党則と総裁公選規程を改正した。二階俊博幹事長が政治力を発揮して道筋をつけた。その結果、安倍政権は7年8ヵ月にわたる歴代一位という記録を打ち立てることになる。さらにポスト安倍の菅義偉政権の誕生を主導したのも二階氏だ。

「安倍一強」を振り返ると、その基盤を作ってきたのは自民党の選挙戦の勝利だ。安倍政権は国政選挙で6連勝を果たした。その勝利を演出してきたのは、幹事長として采配をふるった二階氏ではなかったか。いずれにしろ、二階氏が政治を大きく動かす実力者として存在感を示してきたことは間違いない。

変幻自在のその政治手法から、二階氏をマスメディアは「怪物」とか「妖怪」などと呼ぶ。しかし、地元のメディアが目の当たりにするのは、そんな面妖なイメージとは大きく異なる。県民の声に熱心に耳を傾ける、実直な「二階像」が地元には定着している。

2020年2月5日、和歌山市内で開かれた和歌山放送主催の講演会で、二階氏は「45年の議員活動を振り返って〜私の政治信条」と題して講演した。400人を超える聴衆を前に二階氏は、かみしめるように自身の政治への想いを語った。

講演の全文は第8章に収録しているが、その中で二階氏は「私の政治の原点」という言葉を使い、地元の人たちに次のように自分の気持ちを伝えた。

「東京で政治活動をしている間も、私の今日を支えてくれている地元の皆さんがおられる、私の言動、行動によって、地元の皆さんが恥ずかしいなと思うようなことがあってはいけない。そこが私の政治の原点、一番大事にしているところであります」

この言葉の裏には、地元有権者の期待に応えられるよう頑張らなくてはいけない、という強い気持ちがあるのだと思う。

和歌山県会議員2期8年、衆議院議員として連続12回の当選という輝けるキャリアの二階氏だが、自らの政治の原点が「ふるさと和歌山」にあると強調したのは、決して地元有権者に向けたリップサービスではない。政治家として地域の課題に真摯に向き合ってきた、という自負があるからだ。

その意味では、二階氏の政治活動に関する情報を長年にわたり発信してきた和歌山放送は、二階氏の「政治の原点」の肉声を伝える役割を果たしてきたと言える。

和歌山放送はかつて「国会議員レポート」という番組を週1回放送してきた。地元選出の国会

毎年恒例の「2020新春国会議員座談会」 和歌山県選出の衆参国会議員が全員参加し、生放送の本番直前に多くのメディアが写真撮影（2020年1月 和歌山放送スタジオ）

議員に交代で登場してもらい、国政や地元の政治課題などについて語る番組だ。二階氏が1995年12月に出版した著書「黒潮に叫ぶ」（紀州新聞社刊）には、1986年（昭和61年）8月3日から1992年（平成4年）9月6日まで計27本の自身の「国会議員レポート」の放送内容を掲載している。

書籍の帯には「政界再編の激動期の国会活動を再現！ 紀伊半島の半島性からの脱却、過疎対策、交通基盤の整備（道路及び鉄道の高速化、ミニ新幹線）、観光立県、観光立国等に情熱をたぎらせ、黒潮の海に叫び続ける二階代議士の国政報告集」とある。若き日の政治家・二階氏が掲げる理想やその実現に向けた意気込みが伝わって来る。

毎年、年明けには「新春国会議員座談会」を放送する。地元選出の衆参両院議員による政策討論番組だ。県選出の与野党の国会議員に新しい年の政治課題などについて語り合ってもらう。すでに40年を超え、いまなお続く長寿番組だ。

二階氏は初当選後の1984年以来、一度も欠かさず新春国会議員座談会に出席し、その回数は37回にのぼる。日程上、どうしても和歌山に帰省できない時には、電話で参加したこともある。

和歌山放送はこのほか、二階氏が率いる「民間交流」の訪問団が中国や韓国などを訪れる際には記者を同行させ、特別番組を放送している。訪問団には、毎回少なからず地元の市町村長や経済人が参加する。二階氏の外国要人との会談や、参加した地元の人たちの声を交えて民間交流の様子を伝えてきた。

和歌山県は、2019年10月1日現在の人口が92万3721人で、全国的には下から数えて8番目の県だ。1959年4月に開局した和歌山放送は、その小さな県域をカバーするローカル・ラジオ局である。

和歌山県には県全域を販売エリアとする新聞社、いわゆる県紙が存在しない。民間の放送局としてはUHFのテレビ和歌山が1974年に開局したが、和歌山放送はその15年前から県民のラジオ局として親しまれてきた。地域に密着した情報を発信する放送局として、またシンポジウムや講演会の開催などを通じて文化振興の情報を発信し、地域のメディアとして存在感を示してきた。

先に述べたように地元の政治家の活動ぶりを積極的に伝えてきたことで、和歌山放送は政治色が強い放送局だと思われるかもしれない。地元政治家との距離間の近さに違和感を覚える人がいるかもしれないが、中央と地方には様々な情報格差があり、私たちは地方の視点で政治課題を県民に報道することが必要だと考える。それがローカル・メディアとして果たすべき役割の一つだと思う。

永田町の政治記者と政治家との密な関係には遠く及ばないが、和歌山放送の現社長の中村栄三は、放送記者として二階氏と45年にわたって長く付き合ってきた。二階氏が45年の政治生活を振り返ることは、ある意味、中村の記者生活を振り返ることにも通じる。約10歳年長の二階氏は気軽に「おい、中村君」と声をかける。早朝の時間帯にも中村の携帯に電話もしてくる。中村は上京した際には二階氏の取材もする。二階氏にマイクを向けた回数は数えきれない。

雑談の中で最近、「政治家にならなかったら、どんな職業に就きたかったのでしょうか」と聞いたことがある。二階氏は「記者になりたかった」と漏らした。政治活動の情報を発信し記録することにいまもひときわ熱心なのは、子どもの頃に一時、記者になることを考えていたからかも知れない。

◆秘書・県議時代に学んだこと

二階氏は１９６１年３月に中央大学法学部を卒業後、静岡県選出の衆院議員、遠藤三郎氏の秘書として働いた。以後、１９７２年12月まで11年半にわたって遠藤氏に師事した。秘書時代に多くのことを学び、政治家としての資質を磨いた。

遠藤氏はもともと農林省の官僚で、和歌山県の経済部長として出向してきた。そこで出会ったのが二階氏の父で県議だった俊太郎氏だ。二人は意気投合し、「非常に深い親交を結んだ」（二階氏）という。そんな縁があって二階氏は、遠藤氏の秘書となった。

遠藤氏は戦後、本省の官房会計課長、総務局長、畜産局長などを務め、１９４８年９月に退官。翌年１月の衆院選で静岡二区に民主自由党から立候補、初当選を果たした。当選の同期には池田勇人、佐藤栄作、前尾繁三郎ら後に時代を動かす大物政治家が少なくなかった。

自民党では、財界から転身して外務大臣を務めた藤山愛一郎率いる藤山派に所属。鳩山一郎内閣で大蔵政務次官、岸信介内閣では建設大臣を務めた。

その遠藤氏のもとで二階氏は政治の実学を学んだ。二階氏が残した「わが人生の師・遠藤三郎先生」という文章から、遠藤氏への感謝の気持ちが伝わってくる。

『暇があれば、国会の委員会や党の会合に出て勉強しなさい』と言って、選挙区の方々の陳情処理の合い間を縫って、勉強の機会を与えてくれました。また、夜の会合から自宅に帰る途中で、後楽園近くに下宿をしていた私を時には送ってくださいましたが、私が降りる頃になると、『お父さんから預かった君に、酒を飲むことばかりを教えているわけではないよ。帰ったら勉強しなさい』と、そんな声をかけて頂いたことが、いまも脳裏を離れません」

遠藤氏は二階氏を使い走りの秘書としてではなく、将来、立派な政治家として育てようと考えていたわけだ。

遠藤氏は1958年6月、待望の建設大臣に就任した。

在任期間は1年だったが、就任3カ月後には狩野川台風が地元の静岡県を襲った。死者・行方不明者1189人を出す惨事となった。遠藤大臣は飛行機やヘリで上空から被害状況を視察し、復旧対策の陣頭指揮にあたった。また、通常国会で首都高速道路公団法が成立、首都高速道路の建設に着手することになった。

大臣退任後は、東京と名古屋を結ぶ東名高速道路や自転車道路の実現に意欲を燃やした。東名高速道路の建設では、超党派の議員連盟をつくり会長に就任した。東海道幹線自動車国道建設法は1965年5月に成立した。

遠藤氏は藤山外務大臣の特使として西ドイツを訪れた際、アウトバーンを見て日本にもいずれ高速道路が必要な時代が来ると考えた。法案提出の際の提案理由の中で「我が国の自動車交通は、経済の著しい発展で飛躍的に増大した。我が国交通の中核的大動脈である国道１号の東海道を見ても交通量は年々倍増の傾向にあり、このまま推移すると、今後５年を経ずして異常事態を招く恐れがある」と述べている。モータリゼーションが加速し、戦後復興の槌音が大きく響いていた時代だった。

遠藤氏は１９７２年11月、脳卒中で倒れ67歳で死去した。遠藤氏の兄の佐市郎氏から「三郎の後を継いで欲しい」と要請された二階氏はこう答えた。「私が遠藤先生に11年仕えたことは佐市郎さんのひと言で十分に報われました。郷里には私の帰りを待ってくれている人たちがいます。私は郷里に帰ります」と。

二階氏は１９７５年４月の和歌山県議選に立候補する。定員１名の御坊市選挙区にはベテランの現職がいた。地元を二分する激しい選挙戦が展開された。投票率91・６パーセント。二階氏は９３８６票、わずか１１０票の辛勝だった。二階氏が戦った県議選２回、衆院選12回の選挙戦で最も熾烈な選挙だった。

そんな戦いを経て県議のバッジを付けた二階氏だったが、和歌山放送のインタビューに県議時代をこう振り返った。
「遠藤三郎という代議士が東名高速道路をおやりになって、私は大学を出たばかりの駆け出し秘書としてお手伝いをさせていただきながら、東名高速道路ができるんだったらわが故郷にも紀伊半島一周高速道路ぐらいあってもおかしくないという思いから……」

当時は紀伊半島に高速道路を作ろうなどという政治家はいなかった。しかし、遠藤氏の政治力を目の当たりにし、世の中を動かす政治のダイナミズムを実感していた。「大きなことを言う奴だ」と先輩県議から陰口をたたかれても、「紀伊半島一周高速道路」をはじめ、地域振興になる様々なプロジェクトを考えていた。県議時代には、父俊太郎氏の意志を引き継ぎ、椿山ダムの建設などに尽力し、国政を担う政治家へのステップを着実に歩んできたと言っていい。

若き日の政治家の二階氏は、和歌山放送の番組「国会議員レポート」で、関西国際空港の建設や白浜空港のジェット化推進、さらにミニ新幹線の建設、海の超高速船・テクノスーパーライナーなど「夢のプロジェクト」を熱っぽく語っている。実現できなかった事業もあるが、二階氏の政治力があったからこそ、実現できたプロジェクトは少なくない。

その代表例を一つ挙げるとするなら、「紀伊半島一周高速道路」であろう。しかし、実は行政が命名した「紀伊半島一周高速道路」は存在しない。これは二階氏が建設促進の呼びかけの中で使う呼称だ。起点と終点を定めることもできない、紀伊半島の「夢の高速道路」である。

ただ、一般には近畿自動車道紀勢線を指す。大阪・松原から和歌山を経由して三重・勢和多紀を結ぶ路線だ。全長２０８・４キロメートル。未整備区間の和歌山県の新宮道路４・８キロメートルと三重県の紀宝熊野道路１５・６キロメートルが２０１９年４月に事業化が決まったことにより「紀伊半島一周高速道路」は全線開通が確実となった。二階氏が県議時代の40年余り前の「公約」が実現するのも時間の問題だ。

◆無敗の選挙で政治力

二階氏が国政選挙に初めて挑戦したのは、１９８３年12月の第37回衆議院議員選挙だ。自民党公認で旧和歌山２区（定数３）から立候補した。この選挙には、自民党から有力政治家で参議員から転戦した玉置和郎、現職の正示啓次郎、新人の二階の３氏を含め、無所属新人の東力氏、共産党元職の井上敦氏、社会党新人の竹中伸氏の計６人が立候補した。結果は激戦の末、二階氏は5万３６１１票を獲得し、玉置氏に次いで2位で初当選を果たした。現職議員だった正示氏が落選した。

この選挙の直前にロッキード事件の裁判で田中角栄元首相に有罪判決が下された。二階氏は田中派。周囲には田中派から立候補することに懸念の声もあった。しかし、二階氏は「田中先生にお世話になった以上、あくまで田中派として戦う」と腹を決めていた。

実は衆院選の公示の日の直前、二階氏は田中元首相から「選挙情勢を聞きたい。東京に出てこい」と呼び出された。和歌山県の南端の新宮市から夜行列車で田中邸に向かった。当時の中選挙区の和歌山2区には30を超える市町村があった。その市町村ごとに票読みをさせられた。父親が親しかった正示氏の出身地には控えめな読みを伝えたところ、「100票なら泡沫候補でも取れるぞ」と叱責された。勝負にこだわる執念と新人候補にまで細かく気を配ってくれたことに心底感じ入ったという。

その後、選挙では2017年10月の第48回衆院選挙まで負け知らずの12戦連勝だ。1996年に小選挙区制になった際には新進党からの立候補だったが、得票率49・2パーセントを獲得。ライバルだった自民党の野田実氏を退けた。以後、民主党旋風で自民党が惨敗し、政権を明け渡した2009年8月の衆院選では得票率が52・1パーセントまで下がったが、その後は6~7割台の得票を集めている。

二階氏は経済産業大臣などの閣僚を経験しただけでなく、総務会長、幹事長と政権与党の首脳クラスにまで登りつめた。このため選挙地盤も強固になったが、二階氏の「強さの秘訣」はどこにあるのか。

自民党和歌山県連の吉井和視県会議員は「和歌山にこれまでにはいなかった実力政治家だ。過疎に悩む地元の有権者が何を望み、何を求めているかを真剣に考え、それを実現するために政治活動に取り組んできた。人の心をつかむにはどうすればいいのかも絶えず考えている」と話す。

さらに県連幹事長としての仕事に関しても「憲法改正の集会を開きたいと言ったところ、全て了解し任せてくれた。県連の予算についても幹事長一任で口を挟むことはなかった」という。部下に全幅の信頼をおく。そんな度量の大きさがあるからこそ慕われるわけだ。

富安民浩同県議は「夏祭りや秋祭りなどに出かけると、必ず時間をかけて出店を回り、店の人と言葉を交わしながら野菜や果物などの産品を買う。それが普通にできる人」と話し、そうした身近な会話を通じて有権者が何を望んでいるのかを頭に入れているようだ。

選挙と言えば、二階氏は県立日高高校時代には生徒会長選挙でも勝利している。生徒会長選挙には推されて立候補したわけだが、そのきっかけとなったのが、野球部の応援団長としての活躍だった。

日高高校は昭和31年に第28回選抜高校野球大会に出場した。創立50周年の記念の年に初めてつかんだ甲子園へのキップだった。学校も地元住民も大きな喜びにわいた。

しかし、日高高校には応援団もブラスバンドもなかった。野球部には同じ中学出身の選手もいた。二階氏は選手から応援団の結成を頼まれた。2年生だった二階氏は新聞部に所属していたが、二つ返事で引き受け応援団長になった。大学の応援団長を務める日高高校OBの先輩に指導を頼み、応援の練習に汗を流した。応援団の旅費の資金集めもした。日高高校にはブラスバンドもなかったため、出身中学のブラスバンド部に応援を頼んだ。

女子生徒に呼びかけて女子の応援リーダーも組織した。甲子園球場の今でいうチアリーダーだ。当時はまだ甲子園球場で応援する女子リーダーはいなかった。マスコミはこぞってスタンドでの「応援の花」を報道した。甲子園で日高高校は初戦を突破したものの、次の試合では優勝候補だった東京の日大三高に力及ばず敗れた。

二階氏は応援団の組織づくりや練習などで修学旅行にも行けなかった。しかし、その活躍ぶりは誰もが認めるところとなり、3年生になって野球部や応援団などの推薦で生徒会長選挙に立候補させられた。生徒会長選挙には対立候補が立候補したが、結果は圧勝。

この生徒会長選も含めると、二階氏は選挙戦では負けなしの13連勝だが、その優れた政治力は高校時代に早くも発揮されたのだ。

◆地方メディアとして

先に触れたように和歌山放送は１９５９年４月、和歌山県で初めての民間放送局として開局した。

民放のラジオ局は１９５１年９月に新日本放送、中部日本放送が初めて放送を開始した。その後、民放テレビも相次ぎ開局し、１９５０年代はラジオ、テレビの草創期であった。

ただ、１９５９年にテレビ広告費がラジオ広告費を抜き去り、その差は開く一方だ。

現在、「ラジオの復権」が叫ばれてはいるが、その掛け声とは裏腹にラジオは依然として、厳しい経営環境に置かれている。

広告雑誌の「宣伝会議」が２００９年３月に別冊「今こそＲＡＤＩＯ！　―ラジオ成功事例１２２」を刊行した。人気パーソナリティ17人が「ラジオの魅力」を語り、ラジオ１０１社が「成功事例」を報告している。「リスナーとの距離の近さ」や「言葉の力と想像力」など確かに魅力はいろいろある。「視聴者参加の企画」「ラジオ討論で地域再生を」「地域文化を応援」などの成功事例も寄せられている。

和歌山放送はこの中で「パーソナリティとのバスツアー」を取り挙げた。地元観光会社とタイアップし、京都や滋賀の名所の日帰りツアーを現地からリポートする番組だ。「地元ラジオ局の特性をアピールし、スポンサー企業への親しみを持ってもらう」ことを狙った企画だ。

和歌山放送も含め101社の「成功事例」として一つもなかったのが「政治番組」だった。実は、和歌山放送は積極的に「政治」を番組にしてきた。地元企業がスポンサーとなってくれ、聴取者の支持もあったからだ。

正確な記録は残っていないが、和歌山放送が「政治番組」の放送を始めたのは、1960年代後半。

初めの頃は2度の知事選に立候補して惜敗した元県議会議長で和歌山放送非常勤監査役の平越孝一氏がパーソナリティーをつとめる「平越孝一の日曜政談」という番組が放送された。

1970年代前半に放送を始めた「新春国会議員座談会」は、当初は録音番組だったが、二階氏が国政に転じた後の1984年からは2〜3時間の生放送が中心となった。参加議員は、それぞれの党派の主張のほか、自身の国会活動などを語った。地元の振興策では連携できても、党中央の方針が違えば激論を展開することもある。

民主党政権が誕生した翌年の2010年1月10日の「新春国会議員座談会」には、与党の民主党から岸本周平、阪口直人、玉置公良の各衆院議員、野党の自民党からは二階俊博、石田真敏両衆院議員と、鶴保庸介、世耕弘成両参院議員、公明党の西博義衆院議員、民主党所属だが公共事業に賛成の野党の立場で大江康弘参院議員も参加した。

民主党は「コンクリートから人へ」をスローガンに前年8月の衆院選で３０８議席を獲得し、政権交代を果たした。その勢いに乗って民主党政権は地方からの陳情の受け付けを幹事長室に一本化し、新年度予算では自民党政権が進めてきたダムや堤防建設などの公共事業費を大きく削減した。

座談会では、阪口氏が「陳情に伴って様々な利権そして政官業の癒着が生み出されていた」と発言したのに対し、世耕氏は「11年間議員活動をやっていて、陳情＝利権なんてことは絶対にありません。必死になって要望に来られる地元の人に非常に失礼な話だ」と猛反発した。また、二階氏は「高速道路は40年にわたって皆で努力してここまできた。陳情に行った人たちに言を左右にして会わないなんてもってのほかだ」と批判した。

新春国会議員座談会のほか、毎週日曜日に各党の議員に交代で登場してもう「国会議員レポート」が１９８６年から始まり、この番組は知事、市町村長も参加する「紀の国サロン」に改編した。いずれも政治家が地元の政治課題などを幅広く政治を語る番組だった。これらの番組は、中央の政治報道とは趣を異にする地元の政治ジャーナリズムでもある。

また、地元出身の国会議員が入閣した際には、個別に閣僚インタビューを行い、特別番組として放送した。さらに政治家と知事、地元財界人らとのシンポジウムなどを特別番組として放送。

また、二階氏が自民党の幹部になってからの韓国、中国などへの外遊には取材記者を同行させて特別番組を制作した。外遊に関する放送は第4章以降で詳しく紹介したい。

二階氏は国会議員座談会に37回参加したのをはじめ、国会議員レポート、シンポジウムの特別番組も含めると、和歌山放送の番組出演は合わせて100時間をゆうに超えている。

レギュラー番組に出演する議員もいる。2020年10月現在では、国民民主党の岸本周平衆院議員が「なるほど！納得！暮らしは経済だ」、自民党の門博文衆院議員が「ふるさとのチカラ」という、いずれも毎週日曜日の15分の番組でコメンテーターやインタビュアーとして「政治」や「経済」「地域振興」などについて語っている。

先に触れた宣伝会議の「今こそRADIO！」で音好宏上智大教授は放送研究の専門家の立場から「いまのラジオに最も必要なのは、既存の枠組みにとらわれない『ラジカル』な変革のための『チャレンジ精神』ではないだろうか」と書いている。

和歌山放送は、「チャレンジ精神」をもって政治番組を制作、放送しているわけではない。政治情報を発信したい政治家と、それを聞きたい県民がいるから、和歌山放送の政治番組は続いている。中央の政治ジャーナリズムにはない、もう一つの政治報道が和歌山では根づいている。

コラム

「破戒」から部落差別解消法へ

自民党の二階俊博幹事長は、二階派（志帥会）の会長として時には党内での「けんか」も買って出る。同派会長代行の衆院選挙区に同じ自民党の参院議員が鞍替えするとの報道を受け、同志20人とその選挙区に乗り込み、「やれるものならやってみろ」と凄んだ。「こわもて幹事長として睨みを利かせたわけだ。

だがしかし、二階氏は一方で「人権政治家」という顔も併せ持つ。東京都内のホテルで2015年11月16日に開かれた「人権課題解決に向けた和歌山県集会」。当時、総務会長だった二階氏をはじめ、和歌山県の仁坂吉伸知事、前芝雅嗣県議会議長、田岡実千年市長会会長（新宮市長）ら県政界の重鎮が顔をそろえた。

来賓として漆原良夫公明党中央幹事会会長、小川敏夫民主党参議院幹事長、組坂繁之部落解放同盟委員長らが出席。自民党の稲田朋美政調会長も駆けつけた。この催しは、二階氏が主導した部落差別解消の法整備に向けた「決起集会」だった。

二階氏はその席で「結婚、就職で現に（部落差別で）苦しんでおられる人が存在するのであれば、もう済んだ、終わったとか無責任な言葉で解決できる問題ではないと思っている……和歌山県で粘り強く取り組んでいることを皆さんにお伝えし、協力を得ながら人権問題を名誉ある形で解決できるよう進んでいきたい」と語った。

二階氏は中学生のころ、ある団体が主催した弁論大会で島崎藤村の部落差別をテーマにした小説「破戒」を引用して人権の大切さを訴えた。和歌山県議時代から部落問題を重要な政治課題として考えてきた。全国水平社宣言を起草した西光万吉（1895〜1970年）は、40代半ばから和歌山県打田町（現紀の川市）で過ごした。「人の世に熱あれ、人間に光あれ」という言葉で締めくくる水平社宣言は、我が国初の人権宣言である。

和歌山県は人権施策基本方針を策定するなど、人権問題にも力を入れている。仁坂知事は集会で「和歌山県は部落差別と闘い続ける県でなければならない」と訴えた。弁護士出身の漆原氏は「憲法に（基本的人権の尊重が）書かれている。政治は具体的な問題を解決する手段を講じなければならない」「この集会を突破口にして全国に波動を及ぼして差別を日本から駆逐したい」と述べた。

さらに組坂委員長は「インターネット上には、匿名をいいことに差別用語が氾濫している。戸籍の不正入手は8割が結婚差別に利用されている。土地差別調査も依然として行われている」などと今なお強く残る部落差別の実態を語った。

二階氏らが議員立法として国会に提出した「部落差別解消推進法」は約1年後の2016年12月に成立した。部落差別を規制する初の法律だ。罰則規定がないとはいえ、差別の解消を国や自治体に「責務」として課した意味は大きい。政権与党の幹事長として辣腕をふるう二階氏だが、弱者の視点も決して忘れない。（I）

第3章　大切な命を守る国土強靭化

◆東日本大震災と「世界津波の日」

「11月5日は何の日でしょうか?」

こんな問い掛けは愚問かも知れない。1年365日のうち毎日が「何かの日」なのだ。それでも、ここではあえてこの問い掛けに答えたい。2015年(平成27年)12月23日の第70回国連総会において決まった「世界津波の日」。それが11月5日だ。

日本の呼びかけで142カ国が共同提案国になって全会一致で採択された。この4年前の2011年6月、東日本大震災の甚大な津波被害を受けて、日本政府は「津波対策に関する法律」を制定し、11月5日を「津波防災の日」と決めていた。日本の「津波の日」から「世界津波の日」が誕生した。

国連は、さまざまな「国際デー」を制定し、その数は160を超える。年明け早々の「世界点字デー」(1月4日)に始まり、「国際人種差別撤廃デー」(3月21日)、「世界保健デー」(4月7日)、「世界難民の日」(6月20日)などのほか、「国際防災の日」(10月13日)もある。干ばつや暴風雨、地滑り、ハリケーンなどの自然災害による被害が甚大だった2017年10月には、国連事務総長が「防災への取り組みに、さらに力を入れようではありませんか」と

「いなむらの火の館」前で喜ぶ二階氏と地元の人たち（2015年12月　和歌山県広川町）

メッセージを発信している。

その想いは、二階俊博氏も政治信条として共有している。

「津波防災の日」制定後に国土強靭化の法整備に取り組んだ。さらに「国土強靭化を世界へ」と呼びかけ、実現したのが、この「世界津波の日」である。


二階氏をはじめ和歌山県民には、津波防災に対して特別の想いがある。

1854年（安政元年）の安政南海地震では、大津波が和歌山を襲った。その際、闇夜の中、刈り取った稲束を積み重ねた稲むらに火を付け、村人を救った——まるでドラマのような故事がある。今も語り継がれる、濱口梧陵《はまぐちごりょう》の「稲むらの火」の物語だ。

その安政南海地震が発生したのが、11月5日なのである。稲村の火が約160年の歳月を経て、「世界津波の日」になったのだ。

◆和歌山の偉人・濱口梧陵

濱口梧陵については、和歌山県内の中学生の副読本になっている「わかやまなんでも帳」（和歌山県教育委員会編集、和歌山放送刊行）などに、その人物像が紹介されている。

1820年（文政3）広川町生まれ。本家の千葉県銚子市のヤマサ醤油店の濱口儀兵衛の養子となる。家業に専念する傍ら三宅良斎、佐久間象山などの先覚者に学び私塾を開設。安政南海大地震では激震とともに大津波が広川町を襲う。濱口梧陵は津波来襲を察知し、自らの田の稲束《いなづか》（稲むら）に火を放って急を知らせ、多くの村人を高台に避難させた。この話を題材にした国語教材「稲むらの火」は全国に広まり、現在に語り継がれている。

濱口梧陵は私財を投じて地元で堤防の建設にも取り組み、その後の津波から村人の命を守った。1871年（明治4）には大久保利通の命を受けて初代駅逓頭（のちの郵政大臣に相当）に就任。和歌山県議会の初代議長でもある。和歌山県議会の前庭には銅像が立ち、広川町には浜口悟陵記念館「稲むらの火の館」がある。

濱口梧陵は、幕末から明治維新にかけて活躍した勝海舟や福沢諭吉らとも親交があった。元外務大臣の陸奥宗光や博物学の巨星、南方熊楠らとともに名を残す郷土の偉人だ。

国連津波関係国会議で活発な議論
（２０１６年３月ニューヨーク国連本部
中央が二階氏）

◆国連で「世界津波の日」の活発な議論が

「稲むらの火」がどのような経緯をたどって「世界津波の日」になったのか？

詳しくは後に触れるが、「世界津波の日」の制定から３カ月後の２０１６年３月30日（日本時間）、国連本部で日本やチリ、タイ、フィリピンなど大津波の被害を受けた18カ国の国連常駐代表などが出席して、「世界津波の日」の制定を記念した国連津波関係国会議が開かれた。

会議には二階氏や国会議員有志、和歌山県の自治体関係者らも出席した。「世界津波の日」の制定に協力してくれた各国に日本側から謝意を示すとともに、今後の取り組みに関して意見交換するのが目的だった。

和歌山放送は記者を国連本部に派遣し、この催しを取材した。そして、当日の会合やレセプションなどを４月23日午後零時５分から「稲村の火、世界へ～ニューヨーク・国連本部」と題した約１時間にわたる特別番組として放送した。その内容からは、津波防災への各国代表の関心の高さや、日本のリーダーシップへの期待の大きさが伝わってくる。

ナレーター　「世界津波の日」は、世界の津波災害の啓発の日にしようと去年（２０１５年）の12月23日、国連加盟国の4分の3に近い１４２カ国が共同提案国となって提出され、満場一致で採択されました。去年、仙台で開かれた世界防災会議で二階総務会長が提唱して以来、わずか9カ月でスピード成立したというのは異例のことです。そこには国会議員が手分けして在京の各国大使館を回ったという苦労もありました。こうした舞台裏も含め、自然災害から人の命を守るための国土強靭化政策の趣旨を訴え、「世界津波の日」の制定の意義を強調する二階総務会長です。

二階氏　去年（２０１５年）3月、仙台で開催された国連世界防災会議で、「世界津波の日」を私は提唱しました。制定に向け日本では国会議員が各国の東京の大使館を回ってお願いに参上しました。昨年12月、１４２カ国の共同提案で、全会一致でこれを採択していただきました。世界各国が真剣な議論をしてくれたことは、私たちにとっては忘れられない思い出です。先ほど国連を訪問し、感謝を伝えた次第であります。

「世界津波の日」は日本のためだけのものではありません。我が国がこれまでの厳しい経験を世界の皆様に連帯して頂いて自然災害に対峙しようという考えであります。「世界津波の日」の制定はゴールではありません。むしろスタート、第一歩であります。これから具体的に皆さんと共に行動しなければ意味がありません。今回、私は各国の国連大使に「高校生世界津波サミット」の開催を提案しました。

また世界中の子供達も防災や環境問題をテーマに年間１０００人規模の青少年の交流を開始しようということを決定しております。子供達の意識が高まれば、必ずや将来の防災減災につながる。平和と安全のバトンを引き継いでもらえるのであります。命の大切さはお互い世界共通であります。この事を世界各国に訴え、日本として何ができるのか、何をなすべきなのか、世界各国の皆さんと連帯して自然災害に立ち向かう決意であります。そして後世に「平和のバトンをつないでいく……（拍手）

◆「高校生サミット」に各国が熱い期待

ナレーター　二階総務会長は次代を担う若者の防災意識を高めるため、世界から高校生を日本に招いて「世界津波の日」の11月5日を中心に「高校生世界津波サミット」の開催を提案しました。国連津波関係国会議には大津波の被害を受けたチリやフィリピン、サモアなど18カ国から１５０人余りが参加し12カ国の代表が「世界津波の日」への期待や災害啓発の重要性を積極的に発言しました。

各国の主な発言を日本語の同時通訳でお伝えします。南米チリの代表は「世界津波の日」の日本の提案には最初から賛成してきたことや災害対策の重要性を強調し、発言の口火を切りました。

チリ代表　「世界津波の日」の採択に初めからチリは日本を支持してきました。災害の啓蒙活動を行う重要な取り組みだと思います。２０１０年には8・9の地震がチリを襲いました。その時は国が危機の対策に失敗して、早期警戒システムのキャパを超え、災害への対策が脆弱なものでしたが、そこから教訓を学びました。その後インフラを整備して早期通報システムや都市開発の計画を強化してきました。啓蒙活動も行って、防災減災活動をコミュニティで行ってきました。

２０１３年にもう一度、地震がチリを襲い、マグニチュードは8・3でした。政府が行った政策が効果的であったかを見極めた機会でもありました。その政策はおおむね効果的でした。津波によって１００万人以上の人たちが避難しました。その地域にいるコミュニティの人たちは、津波警報が出された時には訓練通り山の上に避難しました。日本とチリがそれぞれの経験から学んだことは、ラテンアメリカやカリブ海の国々における対策のためになると思いました。チリと日本は共同の取り組みを立ち上げてきました。その中では2カ国が一緒になってまとめた自然災害の経験と防災減災の知識をラテンアメリカやカリブ海の諸国と共有させていただくことになります。このプロジェクトは5カ年であって、様々なテーマに関する訓練や教育を受けることになります。また地震後の政策や防災計画をコミュニティとともに制定することになります。

ナレーター　台風で大きな被害を受けているフィリピンの代表は、世界有数の災害国であること、２０１３年の巨大台風で大きな被害が出たことを訴えました。たえず自然災害と戦っている国として、津波対策を話し合う「高校生サミット」は若者たちの防災意識を高める意義のあることだと日本の提案に賛意を示しました。

フィリピン代表　フィリピンは非常に災害の多い国です。２０１３年11月の強烈な台風で6０００人強が死亡し、そして４００万人が被害を受けました。この台風の経験は貴重な教訓として、人道的な対応ということを教えてくれた、と思っております。また防災についても教えられました。

２０１５年仙台の防災枠組、２０３０年に向けての持続可能な開発のためのアジェンダですが、こういったものは我々の復興、災害に強い体制を実現するプラットフォームになると思っております。我々はこの協調の重要性、自治体そして様々な草の根のコミュニティの協力が必要だと考えております。

フィリピンは「世界津波の日」を大きく支援したいと思っております。この決議の後援者としまして、「世界津波の日高校生サミット」も支援したいと思っております。これは学生と学生との間の啓発活動に非常に役立つと思っております。そしてリスクをいかに管理していくのか、復興をどのようにしていくのかというのが重要な課題だと受け止めています。

ナレーター　南太平洋の島国サモアの代表は、２００９年９月29日マグニチュード８・１の大地震と高さ10メートルの津波で５８４人の島民のうち25パーセントにあたる１４７人が亡くなった教訓をもとに、インフラ整備の重要性や「世界津波の日」の意義を強調しました。

サモア代表　６年半前に津波により非常に多くの人命が失われました。しかし、津波の前に様々な公共の啓発活動というのが、国家レベルで行われることによって、津波が起きた時に人々は自発的に高台に逃げました。もし、これがなければ、もっともっと犠牲者の数は多かったと考えております。

もう一つ得た教訓というのがございます。津波は自然の災害でありますけれども、津波は浜辺だけでなくもっともっと内陸にまで押し寄せるということです。人々はやはり道路より安全なインフラがある所に集まります。また電力および水道のある所に集まりがちであります。こういった公共の場に避難することを勧めたわけです。というのは自然と交渉するのは不可能だからであります。津波対策では、絶えず警戒する必要があると考えたわけであります。また「世界津波の日」の制定、そして「高校生サミット」が行われるというのも、非常に喜ばしいと考えています。そして今日、みなさんと結集することができて本当に嬉しく思っております。

ナレーター　地球温暖化による海面上昇とサンゴ礁の死滅で国土消滅の危機にさらされているインド洋の島国モルディブの代表は、絶えず自然災害と戦っていることとその対応の厳しさを表明しました。

モルディブ代表　本日のイベントに参加することができ、光栄に思っています。我が国はたえず自然災害と戦っております。かつて1万5０００人以上が家を失い、そして80人の死亡者も出ました。２０１４年にはモルディブ島の首都で災害が起きました。そして10万人の人々が淡水を得ることができなかった。飲み水がなかった。これもまた危機になりました。その結果様々な国際的な援助があったため復興することができましたが、構造的な脆弱さにも直面したわけであります。防災というのは広範囲な波及効果と社会経済的な影響をもたらすものであります。やはりこの防災の管理、そして回復力のある持続可能な開発が前にも増して重要な課題となってきております。そしてこの啓発活動というのがこういった被害を軽減すると確信しております。日本がハイレベルな高校生サミットのイベントを開催するというのは素晴らしいことだと思います。

ナレーター　南太平洋の島国トンガの代表は日本への留学経験があり、日本人の知り合いが多いと前置きしたうえで、２００９年の災害で津波災害に対する認識が変わったとし、「世界津波の日」の制定と「高校生サミット」の意義を評価しました。

トンガ代表　２００９年に災害を経験して海からの災害の見方が変わりました。この災害の教訓から防災、減災活動を第一に優先することになりました。防災減災カウンシルという全国規模の機関もありまして、その下の自治体が活動に取り組んでいます。津波が起きた時にはどこに行けば良いのか、何をすればいいのか、ということについて教育活動を行うことが重要です。これらの活動を通じて災害への対応がわかるようになりました。

ただ、災害が起きた後の復興活動は非常に困難です。日本から支援を頂いたことにはとても感謝しております。11月5日を「世界津波の日」にするということですが、特に「高校生サミット」のアイディアを歓迎します。これを設けることによって、豊富な経験を得ることができます。その若者がその国の将来像をどう考えているのか、世界の中の位置づけをどう考えているのか、そして津波への認識、防災の意識を向上させることにもなるでしょう。

ナレーター　タイの代表は予知のないまま津波の襲来を受け、５０００人の死者と３０００人の行方不明者を出した２０００年のインド洋の津波の経験をもとに、地震津波警報の大切さや避難方法を知る上で「世界津波の日」や「高校生津波サミット」の意義を高く評価しました。

タイ代表　この災害の大きな打撃というのは４６０億ドルの損害額になり、そして1.1パーセントのＧＤＰの伸びが犠牲になったということです。そして、防災が我々の国内の政策の中でも非常に重要な位置付けを担うようになりました。そしてこれが開発に向けた重要な課題となっています。今このインド洋の津波、先ほど申し上げましたが、人々は全く予期せぬ時に津波が起きた訳でありまして、もし早期警報が出されていれば、また、もしこういった高校生のイニシアティブというのがあればもっと多くの人命が助かったかもしれないと考えるわけであります。タイは「仙台防災枠組」を採択していますが、色々な仙台防災の取り組みを国家的防災減災２０１５年の政策に今、統合させております。

◆国連本部では盛大なレセプションも

各国代表の意見交換のあと、ニューヨークの街が一望できる国連本部ビルのデリゲート・ダイニングルームでは、「世界津波の日」制定記念レセプションが67カ国から２００人が参加して盛大に行われた。レセプションで挨拶する二階氏は「世界津波の日制定」に感謝の意を示すとともに、世界津波の日に向けて何をなすべきかが大切だとして、ここでも「世界津波の日高校生サミット」への各国の協力を訴えた。

二階氏のもとには各国の代表が次々と挨拶に訪れ、今後の防災対策の進め方などについて意見を交わした。その後、同行の記者団に囲まれて会議の感想などについて聞かれた二階氏は「各国代表が大変意気込んで、そして、発言の順番を待つなど、みんな意欲をもってここで発言しようということがありありとわかりました。各国代表の皆さんが日本のこの津波デーの設定、あるいは今後に日本が何をしようとしているか、という期待、特に高校生の皆さんを招待して日本が開催するイベントで津波デーをさらに前進させていこうという決意に大変理解を示し、また感動もしてくれていたという受け止めをしておりますが、私は全て成功であったと思っています」と胸を張った。

二階氏は、国連本部での会議やレセプションが終わると、すぐにニューヨークの日本総領事館でアメリカの東アジア担当のラッセル国務次官補と会談し、津波防災対策に関するアメリカの協力を呼びかけた。そして、経済や安全保障に加えて津波防災での日米協力の重要性も確認した。ラッセル次官補は「『世界津波の日』の制定に関して二階氏のリーダーシップに敬意を表する」と述べたという。

この日の夜、二階氏は日米交流団体ジャパン・ソサエティ主催のレセプションにも出席し、「自然災害から尊い命を守る挑戦、国土強靭化海を渡る」の演題で講演した。二階氏の想いがこもった話であった。特別番組から講演のさわりの部分を紹介しておく。

「災害は忘れたころにやってくるといいますが、今や忘れないうちに次から次へとやって来るという感じがします。このテーマに取り組みだしたのは自民党が野党の時代であります。チリ津波の発生、日本にも津波警報発令がなされましたが、当時のことでありますから、その津波警報の発令を受けても誰も逃げないのであります。これでは本当に津波が来た時に大変なことになる、そこで津波法案を提出し法律によって強制的に退去命令も出せるようにする。しかし、そうした法案は、我々は野党でありますから、審議すらされずに葬られたのであります。

そして、その間に３・11のあの大災害がやってきたのであります。今、思えば助かる命もあったのではないか。（東日本大）震災の後、津波対策推進法が制定され、自民党が政権に返り咲くことができました。

従って政治の責任は極めて重いということを改めて痛感するものであります。隣国との関係改善についても、この災害におきましてこれを避けて通る、あれは無視するということは絶対にできないことであります。アジアは特に世界の中でも自然災害が多い地域であります。地震や津波だけでなく火山噴火、洪水、台風被害、これらを考えていましても大変な被害がこのアジアの周辺に渦巻いておるのであります。

２００４年にはスマトラ沖地震で一説によると24万人とも言われる方々が犠牲になったわけであります。先日その中で最も被害の大きかったアチェを私自身が訪問して参りました。日本がリーダーシップを発揮することが期待されていることを実感した次第であります。私たちは中国や韓国ともこの人類の共通の問題に共に取り組んでいくことが大事だと思っております。

◆「津波の日の制定、大変意義深い」と黒潮町長

国連本部への訪問には、国会議員や和歌山県の関係者のほか、高知県黒潮町の大西勝也町長らも参加していた。和歌山放送の特別番組では随行者へのインタビューも行っている。以下、随行者のコメントを紹介する。

黒潮町は南海トラフ巨大地震で津波の高さ34・4メートルと全国一の大津波が押し寄せると想定され、津波対策に積極的に取り組んでいる。大西町長は各国の取り組みを聞き本当に心強かったと、世界と一緒に防災に取り組めることになった意義を強調するとともに、2016年11月5日の「世界津波の日」に黒潮町で開催する「世界高校生津波サミット」に意欲を見せた。

大西勝也町長　黒潮町も「日本一の想定」を出されまして、暗中模索と言いますか、最近やっと（津波対策の）整理ができてきて前へ進み出したなという実感があるのですけれども、それまではなかなかそれが持てない中で、どうしたものかというような状況が続いていました。その頃と今を比較した時に世界を巻き込んで防災をやってみたい、そういう機運が高まっていることをすごく心強く思いました。これからのいろんな方からご指導をいただけると思うので、それを参考にす

ると、またさらに黒潮町の防災機能の向上が図れるのかなと思って本当に心強かったです。

「世界津波の日」が制定されたことに対して、自分はすごく評価している面があります。それは津波って何だろうということを、一人ひとりが5分でも10分でもいいのでお考えになっていただける契機になれば、防災意識が向上することではないかと思っています。津波が来たら逃げないかんとかですね、皆さんご存知なわけですが、そうならないのは何でやろうっていうことを真剣にお考えになっていただくことが大切です。それはあの行政とか国とか地方自治体が住民の皆さんにいくら発信してもなかなか届かない部分であって、それぞれ皆さんがご自身でお考えになる機会になっていただければ、「世界津波の日」が制定された意義も大変深いものになるのではないかと思っています。

これからの黒潮町の行政に生かせることがたくさんありました。今年11月の高校生サミットを成功させて少しでも貢献できればと思っています。国連の会議でも各国から協力する、賛同するという意見が出ましたので、自分たちとしても期待を裏切らないような高校生サミットに仕上げなければならないと思っています。

◆和歌山からの参加者も高く評価

濱口梧陵の出身地・和歌山県広川町の西岡利記町長は、「稲むらの火」と書かれたハッピを着て国連本部に乗り込んだ。和歌山県の広川町が「世界の広川町」になったと大喜びの西岡町長はこう語った。

西岡利記町長　ニューヨークまで行くか、ちょっと考えましたが、来てよかったですね。参考になりました。特に各国の事例を出していただいて11月5日の「世界津波の日」に向けてどんな対応をするとか、いろんな話をうかがえた。本当に有意義な出張だったと思います。

トンガもどういった形で自分の国をどんな風に守っていくか、国を挙げて津波対策、台風対策、いろんな事をやっているんだと。特に今度の「世界津波の日高校生サミット」、それにぜひとも参加させたい、そういうお話をベトナムの方もおっしゃっていました。日本の国のやり方に対して賛同していただいたのも本当にありがたいと思いましたね。どういう風に11月5日を他の国が考えられているかっていうことをお聞きしたかったので、本当によかった。私は「稲むらの火」のハッピを着て参加させていただきました。私のハッピも好評だったようで、それなりに注目していただきました。二階先生にはご挨拶の中で、濱口梧陵の活躍を広川町が継承しながら今も子供たちに伝えているんだということを言って頂きました。世界の各国大使にも伝わったと思います。それこそ本当に「世界の広川町」になったかなと感じています。

和歌山県庁からは津波災害対策の責任者である和歌哲也危機管理監が同行しました。南海トラフ大地震の被害想定では、串本町には地震後2分で高さ18メートルの高波が押し寄せ、和歌山県全体では8万人の死者が出ると懸念されています。県民の命と財産を守るべき使命を託された和歌山県にとって津波対策は最重要の課題です。

和歌哲也危機管理監　「世界津波の日」が制定されたということはすごいことだと思いますけども、こちらに来て二階先生が各国大使と意見交換する中で皆さんがいろんな意見を持たれている。それだけ関心が高いんだろうと改めて実感いたしました。

そういう中で和歌山県がこの「世界津波の日」を糧としてどのような取り組みをしていくのか、ということについて考える必要があるのだと再認識させてもらいました。それとともに「稲むらの火」の故事を生んだ和歌山県が、その防災の先進的な取り組みをこれからもしていかなければならないという責任感、責務を感じたところです。各国大使の防災、自然災害に対する心配というのは共通のものであるというのを改めて思いました。

我々としては世界をリードするということでなく、やはり一つ一つ小さなことからできることをしっかりと進めていく、そして命を守るためには逃げること。そのような意識を県民全員に持っていただく。皆さんが逃げるために、ここをこうしようと様々な考えをおうかがいできれば、それが和歌山県全体にとっての防災の積極的な推進につながっていくんだろうと思います。

◆ツナミ・アウェアネスとプリペアドネス

特別番組では、二階氏とともに国連を訪問した自民党国土強靭化総合調査会事務総長の福井照衆議院議員に世界津波の日制定の意義を総括してもらった。

福井照衆院議員　「世界津波の日」は日本の快挙、二階先生の快挙というだけではなくて、人類の快挙だということだと思います。たった半年で、世界津波の日を作ったということで、英語で言うとアウェアネスと言いまして、津波は一瞬のうちに全てを失ってしまう災害なんだと、そういうのが１０００年に1回、１０００年に1回の場合もあるし、我々は１０００年に1回の災害に地震や津波にしても対抗しようとしていて、それは制御できますけれども、東北（東日本大震災）のように１０００年に1回の地震、津波には到底人知の及ぶところではありません。このため、避難する、一人残らず避難する、避難拒否民を一人も出さないということを目標に避難場所、避難路を整備するということが大事だということです。そういう教え、レッスンを１０００年、２０００年とつないでいくということなので、世界津波の日は11月5日になったわけです。

もう一つは「プリペアドネス」、準備する、用意するということです。今この瞬間、次の瞬間にも１０００年に1回の地震、津波が来ても、無事に避難することができる、誰一人取り残さず避難させることができるという、そういう臨戦態勢を私たちが持てるかどうか。個人個人もそうだし、会社一社ごともそうだし、国全体としてもどうかということで「アウェアネス＆プリペアドネス」ということで、毎日毎日、個人個人、国全体も和歌山県も広川町も、それぞれ胸に手を当てて災害時の対応を準備することです。

二階氏らが国連本部を訪問した約２週間後の４月14日、熊本をマグニチュード７・３、震度７の大地震が襲った。死者約２７０人、負傷者約２８００人の犠牲者が出た。余震が続き８４００戸余りが全壊、18万人以上が避難生活を強いられた。「世界津波の日」の取り組みを通じてあらゆる災害に対する「憂いなき備え」を着実に進めたい。

◆「津波防災大使」の育成を

この章の最後に各国代表がスピーチでも触れた「世界津波の日高校生サミット」について説明しておきたい。「世界津波の日」の制定とともに、日本がホスト国となって開かれることになった津波防災の国際イベント「世界津波の日高校生サミット」は、「世界津波の日」制定の翌年の２０１６年11月に高知県黒潮町で第１回のサミットが開かれ、その後、毎年日本国内に各国の高校生を招いて開催されている。

太平洋に面した黒潮町は、南海トラフ地震が起きれば、最大34・４メートルという日本で最も高い津波が押し寄せることが想定されている。黒潮町には海外の29カ国から２４６人、国内からは38校から１１５人が参加した。

世界津波の日の高校生サミットに世界各国から集まった若者（２０１８年・和歌山市）

サミットには安倍晋三首相と潘基文《パンギムン》国連事務総長（当時）がビデオメッセージを寄せた。全体テーマは「自然災害から生き抜くために、次世代を担う私たちができること～自助・公助・共助の視点から～」。２日間の日程の中では参加者が津波避難タワーの見学や高台避難訓練の体験のほか、分科会では英語による意見交換を行った。

　二階氏はこの年の６月に自民党の幹事長に就任した。高校生サミットに「世界津波の日」の提唱者として出席した二階氏は、高校生たちに「それぞれの国や地域に戻られた皆さんも、日本の高知県黒潮町で学んだ経験や出会いを大切に、自然災害から一人でも多くの命を救う強い決意と皆さんの友情を今後一層深めて頂ければと思います」とのメッセージを送った。

　高校生サミットは、翌２０１７年には沖縄、２０１８年には二階氏の地元和歌山、２０１９年には北海道で開催された。和歌山放送は２０１８年10月31日と11月１日の両日、和歌山で行われた「世界津波の日高校生サミット」の模様をニュースとして放送した。

初日の和歌山放送ニュースを再現する。

来月（11月）5日の「世界津波の日」を前に、世界の高校生が防災について意見を交わす「世界津波の日高校生サミット」が和歌山市手平の「和歌山ビッグホエール」で始まり、きょう（31日）開会式が開かれました。

「世界津波の日高校生サミット」の開催は高知県、沖縄県に続いて今年で3回目で、和歌山県で開かれるのは初めてです。今回は『稲むらの火』発祥の地で濱口梧陵の精神を共に学ぶ」というテーマで開かれ、日本を含めた48の国と地域の高校生あわせておよそ380人が参加しています。

きょう午後1時前から行われた開会式では、県立日高高校の中井充歩さんと県立串本古座高校の伊森安美さんが議長を務め、はじめに「地震や津波など自然災害から命を守るため、私たちに何ができるか、何をするべきか、皆さんとともに2日間真剣に議論したいと思います」と挨拶して開会を宣言しました。

続いて主催者を代表して和歌山県の仁坂吉伸知事が挨拶し、「和歌山へようこそ。和歌山の世界一進んだ津波防災対策を学び、得られた知識やノウハウで、将来、あなたの国を救ってください」と呼びかけました。

このあと、海外の生徒を代表してスリランカとマーシャル諸島の高校生が一昨日（29日）から参加したスタディツアー」の成果を報告し、県立耐久高校での歓迎会や広川町の「稲むらの火の館」、那智勝浦町の世界遺産「熊野那智大社」などを訪れた様子を紹介しました。

開会式のあと生徒らは会場近くの芝生広場に移動し、サミット開催を記念して波をかたどった記念碑を除幕しました。和歌山県の木、ウバメガシ苗木を植樹しました。この日、衆院和歌山3区選出で自民党幹事長の二階俊博氏も駆けつけ、高校生と一緒に笑顔で写真に収まっていました。


高校生サミットは、「世界津波の日」の単なる記念行事ではない。これからの時代を担う各国の若者の防災・減災の意識を高め、それぞれが将来、「津波防災大使」となって国際連帯で津波に立ち向かおうという大きな目標を掲げている。高校生サミットは回を重ねていくことが重要だ。

「世界津波の日」が制定される3カ月前の2015年9月、国連は「持続可能な開発のための2030アジェンダ」を採択した。2030年に実現をめざす17の「持続可能な開発目標」、SDGsである。そこには「貧困をなくそう」「飢餓をゼロに」「すべての人に健康と福祉を」などとともに、「気候変動とその影響に立ち向かうため、緊急対策を取る」との目標も掲げている。防災・減災の「世界津波の日」は、SDGsと無縁ではない。SDGsの目標年としている2030年には「世界津波の日高校生サミット」のOBたちが各国の後輩たちをリードし、津波防災の国際ネットワークは大きく成長していることだろう。

コラム

無責任なヤジは許さない

「黙って聞け！」――衆院本会議場にドスの聞いた声が響いた。２０１６年9月27日の臨時国会の代表質問。自民党を代表して質問に立った二階俊博幹事長のこの一言で議場は拍手と怒号がとびかった。

代表質問では、持論の国土強靭化問題を取り上げた。約１カ月前に台風被害を受けた北海道の深川市などを自身が「自民党大雨被害対策本部」の一員として視察したことに触れ、長芋やゴボウなどの被害補填に関して農林水産省の考えをただした。また、政府には5年余りが過ぎた東日本大震災の復興に向けて総仕上げの事業に取り組むよう求めた。

さらに首都直下や南海トラフなどの地震の発生に懸念を示し、「こうした自然災害の変化に対し、私たち自民党は、強くしなやかな国づくりのために……」と言葉をつないだ時に、野党席から意味不明のヤジが飛んだ。

これに対して二階氏は「黙って聞け！」とやり返したあと、「コンクリートから人へ」という言葉がありましたが、今や国民の生命を守るためには国土を強靭化しなければならないということは、日本全体の共通認識になっていると思います」と民主党を批判。相次ぐ水害被害を念頭に「３００年に一度の洪水のためにスーパー堤防を作るのか、と批判された方が野党第一党の大幹部の中にいる」と皮肉った。

ここで再びヤジが飛び交い、大島理森議長は「ご静粛に」と言葉を発した。大島氏と二階氏は初当選が同期。自民党が壊滅的な敗北を喫した2009年の衆院選では当選同期で2人だけが小選挙区を勝ち抜いた。ともに過疎対策や半島振興に尽力し、大島氏は二階氏が野党の時代から国土強靭化の法整備にひときわ努力してきたことをよく知っている。

そもそも「自然の猛威との戦いには与党も野党もない」というのが二階氏の持論だ。台風の通り道の和歌山で、中学時代に台風の洪水で腰まで水につかった体験がある。衆院議員の秘書時代には台風被害の復興のために走り回った。阪神大震災と東日本大震災の際には、救援、復旧に野党の立場から政府に協力してきた。2010年に議員立法として津波対策推進法の制定を呼びかけたが、民主党はそれを無視した。挙句の果てに東日本大震災で多くの人の命が津波によって奪われた。

そうした中で先頭に立って推進してきたのが国土強靭化の法整備だ。大手マスコミの一部からは公共事業のバラマキだと批判を受けたが、国民の理解が徐々に広がり2013年に国土強靭化基本法が成立した。にもかかわらず、国会の場で野党側からそれを否定するようなヤジが浴びせられた。積もる思いが一瞬、二階氏の口から飛び出たように見えた。

さらに二階氏は自らが主導して国連総会で2015年12月に「世界津波の日」(11月5日)が制定されたことに触れ、「今年は世界津波の日元年であり、国際社会が連帯して自然災害に対峙していくスタートの年にしたい」と言うのだ。 (H)

第4章　日中の潮目を変えた大訪中団

2020年5月に予定されていた中国の習近平国家主席の国賓としての来日が、新型コロナウイルスの感染拡大の影響で延期された。コロナ禍が地球規模で広がる中、米中関係も悪化し、日米、日中の関係も難しい局面を迎えている。

民主党の野田政権が2012年9月に尖閣諸島を国有化したことをきっかけに、日中関係は冬の時代に突入した。一方で中国は日本を抜いて世界第2の経済大国となり、経済面でのパートナーとしての重要性は高まったが、日中関係は政治的に冷え切ったままだった。関係改善の転機となったのが、2015年5月の二階俊博自民党総務会長率いる3200人の中国訪問団だった。

習近平国家主席は訪問団を前にした「重要講話」で両国の民間交流の重要性を語り、公の場で日中関係を好転させるメッセージを発信した。

習主席の来日は今後どうなるのか？

日中の友好関係は維持できるのか。関係が難しい時期だからこそ、二階氏の存在感が増すはずだ。二階氏は外交官出身でも、外相経験者でもないが、国際舞台で独特のパフォーマンスを展開する。議員外交を通じて日中の関係改善に取り組んできた道筋を2015年6月の和歌山放送の特別番組「日中観光文化交流の旅」などを通じて振り返る。

◆井戸を掘った田中角栄首相

「日中国交正常化を急がなければならない」

１９７２年７月５日の初閣議で、田中角栄首相は、日中国交正常化にかける意気込みをこう語った。その約２カ月半後の９月25日、田中首相は日本航空の専用機で北京空港に降り立った。訪中わずか５日目の29日には、田中首相、中国の周恩来首相らが日中共同声明に署名、国交正常化が成立したのだ。

共同声明には「日本側は、過去において日本国が戦争を通じて中国国民に重大な損害を与えたことについての責任を痛感し、深く反省する」「日中両国間には社会制度の相違があるにもかかわらず、両国は、平和友好関係を樹立すべきであり、また、樹立することが可能である」と記された。

田中首相が日中国交正常化を成し遂げるまでの道のりには、先人たちの地道な経済交流の積み重ねや公明党などの議員外交があった。国交正常化を受けて福田赳夫首相のもと、１９７８年８月12日に日中平和友好条約を締結し、その後も両国は首脳会談を重ねるなどして、経済や文化交流を進めてきた。時代とともに、人的な交流も太く大きくなってきた。

◆「靖国」「尖閣」で関係悪化

両国関係がぎくしゃくし出したのは、2001年4月に誕生した小泉政権からだろう。「自民党をぶっこわす」とぶちあげて党総裁選に勝利した小泉純一郎首相は、総裁選の公約通り首相就任後に靖国神社に参拝した。これに中国側が激しく反発した。

その後、2012年12月には、民主党政権の野田佳彦首相が尖閣列島を国有化した。尖閣列島については中国側も領有権を主張しており、日中関係が一気に暗転した。

中国の公船や漁船が尖閣列島周辺に出没、海上保安庁の巡視船艇に船体をぶつけるなど険悪なムードが漂った。抗議の反日デモが北京の日本大使館を取り囲み、過激化した市民が日本食レストランを破壊するなど抗議活動はエスカレートした。

「政冷経熱」という言葉あるが、政治も経済も凍てつくような時代に突入した。

こうした日中の冷え切った関係が2015年5月23日の北京の人民大会堂で開かれた「日中文化観光交流の夕べ」を機に大きく好転する。二階氏の呼びかけに応えた国会議員、知事ら地方の政治家、経済人など3200人の大訪問団を前に、習近平国家主席が日中間に「友好の種」をまく重要講話を行ったのだ。

この訪中の全てを取り仕切ったのが二階氏だった。

田中元首相らが「井戸を掘った人」ならば、言ってみれば、二階氏は井戸が枯れそうになったため、新たな井戸を掘ったわけだ。この年、中国は高度成長を続けてきた経済に陰りが見えるようになったが、一方では日本を訪れる観光客が急増し、爆買いツアーが大きな話題になっていた。

和歌山放送はこの訪問団に同行し、習近平国家主席の演説した「交流の夕べ」などを取材した。和歌山放送は、日中の交流ぶりを6月21日正午から1時間の特別番組として放送した。

◆習近平主席の重要講話

番組では冒頭、ナレーターが、人民大会堂に習近平国家主席が登場した場面から語り始める。

《5月23日夜6時過ぎ、日本時間夜7時過ぎ、日本人訪問団3200人が集まった北京の人民大会堂に習近平国家主席が自民党の二階俊博総務会長と共に姿を現すと、会場は驚きと歓迎のムードに包まれました。習国家主席の登場は大観光団に期待はあったものの、厳しい日中関係の中で出席は難しいのではないかという見方もあっただけに、会場は興奮に包まれました。習主席は「友遠方より来たる、また楽しからずや」という孔子の言葉を引用しながら、3000人余りの日本各界の人たちが遠方から訪ねてきて日中友好交流大会を開催したことは近年における両国民間交流の大きな出来事であり、非常に喜んでいると満面の笑みを浮かべながら歓迎の意を示しました。そして日中間の歴史を振り返り、先人たちの功績を高く評価しながら講話をしました》

番組では、習近平国家主席の演説を、日本語に訳して放送したが、時間の都合もあって放送したのは演説全体の半分以下だった。しかし、その講話は、日中関係の好転を強く印象付ける重要な政治的なメッセージだった。このため、日本の外務省が翻訳した演説全文（仮訳・一部和歌山放送が修正）を記録しておく。

皆さん、こんにちは。2000年前、中国の大思想家の孔子は、「友遠方より来たる、また楽しからずや」と述べました。本日、3000名の日本各界の人々が遠方から訪ねてきて、北京の人民大会堂に集い、日中友好交流大会を共に開催しました。これは近年における両国民交流の大きな出来事であり、我々は非常に嬉しく感じています。

まず、私は中国政府と人民を代表して、また個人的な名義で、日本の友人の来訪に対して、熱烈な歓迎を申し上げます。我々はみなさんを通じて、多くの日本国民に対しても、心からのあいさつと素晴らしいお祝いを申し上げます。

日中は一衣帯水であり、この２０００年以上にわたり、平和友好が両国国民の心の主旋律であり、両国民は互いに学び合い、各自の発展を促進し、そして、人類の文明のため重要な貢献をしました。

一週間前、インドのモディ総理が私の故郷の陝西省を訪問しました。私はモディ総理とともに、西安において、中国と印度の古代からの文化交流の歴史を振り返りました。隋、唐の時代、西安は日中友好往来の重要な窓口であり、当時、日本から多くの使節や留学生、僧などがそこで学習し、生活をしていました。代表的人物は阿倍仲麻呂であり、彼は、大詩人、李白や王維と深い友情を結び、感動的な美談を残しました。

私は福建省で仕事をしていた当時、17世紀の中国の名僧、隠元大師が日本に渡った話を知りました。日本に滞在していた期間、隠元大師は、仏教を普及させただけではなく、先進的文化や科学技術を持ち込み、日本の江戸時代の経済社会に重要な影響をもたらしました。２００９年、私は日本を訪問した際、北九州などの地方を訪ね、両国国民の割くことのできない文化的な淵源、歴史的関係を直接感じました。

近代以降、日本は拡張的な対外侵略に向かい、日中両国は悲惨な歴史を経験することになり、中国人民に重大な災難をもたらしました。70年代、毛沢東主席、周恩来総理、鄧小平氏、田中角栄氏、大平正芳氏など両国の古い指導者らが、高度な政治的智慧をもって、重要な政治的決断を行い、様々な困難を克服し、日中国交正常化を実現し、また、平和友好条約を締結し、両国関係の新たな時代を開きました。廖承志《りょうしょうし》氏、高碕達之助氏、岡崎嘉平太氏などの有識者が積極的に奔走し、多くの仕事を行いました。歴史は証明していますが、日中友好事業は両国及び両国民にとって有利であり、アジアと世界にとっても有益であり、これは我々がいっそう大切にして、一心に擁護する価値のあるものであり、引き続き努力を続けていきます。

来賓の皆様及び友人の皆様！

隣人は選ぶことができるが、隣国を選ぶことはできません。「徳は孤ならず、必ず隣あり」（本当に徳ある人は孤立することはない）」であります。日中両国人民の誠意と友好、及び徳をもって隣人を為すようにしさえすれば、必ず世代をわたり友好を実現することができます。日中両国は共にアジアと世界の重要な国であり、両国の人民は勤労で、善良で知恵に富んでいます。日中の平和、友好、協力は人心の向かうところであり、大勢です。

中国は高度に日中関係の発展を重視しており、日中関係は歴史の風雨を経てきましたが、中国側のこの基本方針は終始変わっておらず、今後も変わることはありません。我々は、道を同じくして、日中の四つの政治文書の基礎の上に、両国の隣人としての友好と協力を推進していくことを願っています。

今年は中国人民の抗日及び世界反ファシズム70周年です。当時、日本の軍国主義が犯した侵略行為を覆い隠すことを許さず、歴史の真実はわい曲することを許しません。日本軍国主義の侵略

感動と興奮に包まれた会場の舞台で習近平国家主席と握手する二階総務会長
（2015年5月　中国北京の人民大会堂）

の歴史をわい曲し美化するいかなる企みに対しても、中国の人民とアジアの被害を受けた人民が応えることはなく、正義と良知のある日本の人民も応えることはないと信じています。「歴史を忘れず、将来の戒めとする」。歴史を銘記することは、未来を創るためであります。戦争を忘れないことは、平和を擁護するためであります。

我々は、日本の人民もあの戦争の被害者であると考えています。抗日戦争が終結した後、中国の人民は徳をもって恩に報い、100万人の日本人が帰国するのを手助けし、数千名の日本の戦争孤児が成人するまで養い、中国人民の心の広さと大きな愛を示しました。

今日、日中双方は「歴史を鑑とし、未来に向かう精神に基づき、平和の発展を共に促進し、共に世代にわたる友好をはかり、両国で共に美しい未来を創り、アジアと世界のために協力して行かなければなりません。

皆様、日中友好の基礎は民間にあり、日中関係の前途は、両国民の手に握られています。両国関係が不調であればあるほど、両国各界の人々が積極的な行動がより必要となり、民間交流をより強化する必要があり、両国関係の改善・発展のために条件と環境を作りあげなければなりません。

「青年が立てば、国家も立つ」。本日、多くの若者もここに座っています。中国政府は両国国民の民間交流を支持し、両国各界の人々、特に若い世代が積極的に日中友好事業に身を投じ、交流・協力を行う中で理解を増進し、相互信頼を樹立し、友情を発展させていくことを励行します。

先人が植えた木の木陰で、後代の人々が涼む。私が真に期待するのは、両国の青少年が友好の信念をしっかり持って積極的に行動し、友好の種を不断なく播き、日中友好を大樹に育て上げ、これをうっそうと茂る森にまで成長させ、そして、日中両国人民の友好を世々代々と継続させていくことです。

最後に、日中友好交流大会の円満な成功と日本の友人の中国滞在が愉快なものとなるようお祈り申し上げます。ありがとうございます。

◆人民日報が1面トップで報道

中国のメディアは習近平国家主席の演説と日本からの大訪問団の来訪を大きく報じた。５月24日付の中国共産党の機関紙「人民日報」は１面トップで主席の演説の全文を掲載した。この演説は日本の政府や日本国民だけでなく、中国国民に向けた重要なメッセージでもあったのだ。

演説で習近平主席は「日中の四つの政治文書の基礎の上に、両国の隣人としての友好と協力を推進していくことを願っている」と述べた。

四つの政治文書とは、①日中国交正常化の共同声明（１９７２年）②日中平和友好条約（１９７８年）③平和と発展のための友好協力パートナーシップの構築に関する日中共同声明（１９９８年）④「戦略的互恵関係」の包括的推進に関する日中共同声明（２００８年）だ。日本と中国の関係の骨格を成す文書であり、習近平主席は日中関係を基本に立ち返って再構築しようと呼びかけたわけだ。

また、演説のしめくくりでは、「先人が植えた木の木陰で、後代の人々が涼む」ということわざを引用して「私が真に期待するのは、両国の青少年が友情の信念をしっかりと持って行動し、友情の種を不断なく播き、日中友好を大樹に育て上げ、これをうっそうと茂る森にまで成長させ、そして、日中両国人民の友好を世々代々と継続していくことです」と述べている。まさに未来志向の日中関係をつくろうと呼びかけたのである。

「人民日報」は習近平主席の重要講話だけでなく、「交流は心の距離を縮めた――日中観光文化交流訪中の記録」という見出しの記事も載せた。

日中観光文化交流団については「政治家高官、観光業界の人々と、更には日本各地の庶民等が含まれている。二階総務会長は、「一人一人の団員すべてが『民間大使』であり、自ら感じることで中国を理解し、日中改善のために肯定的なエネルギーを加え、新しい内容を与える」と報じた。

また、日中観光文化交流団の参加者の談話を数多く掲載した。商社マンが「北京の人は親切かつ有効で、人情味がある。帰った後、周辺の友達に北京旅行は非常に良いと勧めたい」と述べたと伝えた。

日本交通公社の志賀典人会長の「30年前に初めて中国を訪問して以降、何度も訪中しているが、訪問するたびに中国が発展段階の階段を上っていることに気づかされる。中国の発展の活力及び人民の生活に対する自信は深く印象に残っている。より多くの日本人、中国人がお互いの国を行き来すれば、必ずお互い理解し合い、両国の友好発展を推進していくことができる」とのコメントを載せた。

さらに木寺昌人駐中国日本大使は取材に対し、「今回の交流団の成功は喜ばしいものであり、団員は自らの経験を通して日中友好を促進した。このような民間交流は、相互理解の増進に資するものだ」と述べていた。

人民日報の報道には、日中友好の促進への中国側の強い期待感が込められていた。その思いは日本側にとっても同じだ。二階氏が進めてきた「民間外交」の狙いを中国側メディアが報じた格好だった。

◆大観衆を前に首相親書を習主席へ

特別番組では、続いて挨拶に立った二階総務会長の言葉を伝えている。

二階氏は「習近平主席閣下の御臨席の下で盛大なレセプションにご招待頂きましたことを大変うれしく存じます」と感謝の意を伝えたうえで、「日中関係を支えているのは、時々の政治情勢に左右されない民間レベルの深い人的関係であります。こうした信念に基づき、これまで日中関係が良い時も、悪い時も、志を同じくする同志と共に、日中間の観光交流や地方交流、更に青少年交流、防災分野での技術協力等、全力で取り組んでまいりました」と述べた。

さらに「どのような時であっても、私はこうした交流を途絶えさせてはならないと考えており、とりわけ文化交流は、日中間の交流の中でも最も重要な位置を占めております」とも語った。

また、今回の訪中はあくまで民間交流が目的だが、「多くのご賛同を頂いて、我々は引き続いて、こうした民間交流を、全力を挙げて努力していかなければならないと思います。習近平主席閣下をはじめとする中国側の皆様方からの前向きのご支持を頂きながら、共に日中関係の新時代を築いてまいりたいと思います」と述べた。


二階氏は、安倍晋三首相から託された親書を壇上で習近平主席に手渡した。

親書とは国のトップが相手国の元首らにあてた手紙だ。

両国の首脳同士が友好を深めるための儀礼的な内容のほか、自国の政策意図や要望などを直接説明するものもある。大使や特使が相手国の元首に直接渡すこともあるが、二階氏は政権与党の幹部として親書を持参したわけだ。

しかし、二階氏と習近平主席との会見が事前に予定されていたわけではなかった。

主席が「交流の夕べ」に姿を見せるかどうかも知らされていなかった。どこでどのような形で親書を手渡すのか。中国要人と深い付き合いがある二階氏にしても、不安はあったはずだ。

ところが、二階氏は3000人を超える大訪問団の前に習近平主席が登場した機会をとらえ、壇上で堂々と親書を手渡したのだ。見事なパフォーマンスと言わざるを得ない。

壇上から降りた二階氏と習近平国家主席は10分ほど立ち話をした。

このあと記者団に囲まれた二階氏はこう語った。

「日中友好のために私が微力ですが、ささやかに働いてきたことに対して繰り返し（習主席は）感謝の意を表されました。私もこれから日中お互いにできることは何かということを考えながら協力し合って成果を挙げ、次の時代にバトンを委ねて行けるようにしたいと思います。前向きの姿勢を示されて、安倍総理にもよろしくお伝えくださいとこうおっしゃっておられましたから、親書をお預かりしてきたものとして役目は果たした、こんな感じで、満足しております」

◆参加者は一様に「感動しました」

日中友好交流大会には、和歌山県から２４０人が参加していた。舞台では太鼓やピアノなどの華やかな演奏やショーが繰り広げられた。番組では、和歌山県からの参加者の感想も紹介した。

和歌山県市長会会長の田岡実千年新宮市長　今回民間の３０００人もの人たちがこの人民大会堂で集い、本当に素晴らしいですね。習近平さんが来られて会場の全ての人たちも感動したと思います。その中で習近平さんも二階先生も今後の青少年の交流という話をしていましたが、本当に私も同感です。来てよかったです。政治的には色々と中国と日本の間にはありますけれど、こういった民間レベルでの交流をきっかけにして、これから関係がよくなっていくのではないでしょうか。

和歌山県町村会長の小出隆道上富田町長　習近平主席の話を聞いて、民間外交の大切さを痛切に感じました。今日は昼間に北京市内を見学させていただきました。中国と日本との関係は大事にすべきだと思っていますが、そういう意味から見たら民間外交の重要性がより一層増したと思います。上富田町の場合はもともとボタン産業が有名です。今後も交流に努めさせて頂きたいと思っております。我々は我々なりに努力を必要とする、私たち一人ひとりが、民間交流が大切だということを強調されていましたからね。やはり現地を見ることによって、中国との関係をより一層理解しやすくなったと私は思っております。

北京市内を見ましたら、いろんな形の中で学ぶことが多々ありました。道路の美しさとか、私のイメージよりも街そのものの素晴らしい美しさがありました。いろんな面で参考になることが多々ありました。

経済界から参加したオークワの大桑祥嗣取締役　あの3000人からの民間交流で日中友好を演出した二階先生、僕はもう感動しましたね。それと習近平主席が何の前触れもなく突然現れて、10分間日中について詳しく話をされて、本当にこれからの日中友好のために我々がなすべきことを皆さんも十分理解をされたんじゃないかと私は感じました。良かった、素晴らしかったです。もっともっと長く聞かせていただきたかった。みんなにも見てほしいと思いましたね。感動で涙が出そうでした。どれもこれもよかったです。

◆大連では様々な交流が

「日中観光文化交流団」は、中国内の広州、北京、大連を5泊6日の日程で訪問した。北京では習近平国家主席の演説に耳を傾けたが、その後はいくつかのコースに分かれての日程が組まれ、和歌山県の一行240人は24日に北京から大連に移動。現地ではこの季節、開花に合わせて開く市民祭りとして有名な「大連アカシア祭り」の開幕式に参加した。

観光イベントとして内外の観光客が多数参加する恒例の行事で、「ジャパンデー」の催しとして琴や尺八などの演奏もあり、和歌山からの参加者もお祭りムードを満喫した。夜には大連市主催の歓迎レセプションもあり、現地の人たちとも直接交流した。

捕鯨問題で揺れる太地町から参加した三軒一高町長は、感激した面持ちでこう語った。

「実際に中国に来てみると日本で報道されているのとは大きな違いがあり大変勉強になった。

今回、最初から最後まで習主席の演説を生の声で聞いて自分たちがマスコミを通じて知ったこととかなり違うなと感じました。日中の交流を民間ベースで行い、心がつながってきました。何でも自分自身で見て、聞いて考えないと大きな間違いをしてしまう。（習近平主席が）民間交流、青年交流がいかに大事かということを具体的に言っていました。過去についてはいろいろ考え方に違いがあると思いますが、未来志向で受け止めて、隣同士が（地理的に）変われるわけはないので、小学生から大学生までの若い人の交流がより盛んになれば、30年後には素晴らしい日中関係ができるのでは。そう思いました」

翌25日には朝から大連第十六中学校で、同校と和歌山県立日高高校との友好校締結調印式が行われた。

大連第十六中学校は中高一貫の学校で、「中学校」と総称されているが、高校もある。日高高校は二階氏の母校で、文部科学省の「スーパーグローバルハイスクール」に指定され、積極的に国際交流の活動を進めている。デンマークのフレデリクスハウン高校や中国の西安中学とも友好校として調印している。

大連第十六中学校での調印式には、上田優人校長のほか、生徒会代表3人と箏曲部員4人らが出席した。生徒は調印式だけでなく、「日本語」や「英語」などの授業も見学。箏曲部員は同中学のほか、アカシア祭や大連日本人学校でも琴の演奏を披露した。

日高高校の生徒の1人は中国訪問の「総括」として、こう書き残している。

「この5日間の経験がなければ、今も中国に対してマイナスなイメージを持っていたかもしれません。テレビや新聞で報道されている内容は情報の受け取り側である私たちに良い印象を与えるものはごくわずかだと思います。そんな中、中国へ行き感じたこと、知ったことによって自分の考えが大きく変化したこと、みんなに中国という国をもっと知ってもらいたいということ、もう一度中国に行きたいと思っていることが一番の収穫だと思います」

24日から26日までは大連市に滞在。要人と会談のほか、様々な民間交流が繰り広げられた。一行はランの栽培などの近郊農業の視察や京劇鑑賞なども行い、中国の素顔に触れた。二階氏は市内にある自身が名誉教授を務める東北財経大学で学生らを前に講演を行った。今回の中国訪問では、北京の清華大学でも講演を行っている。学生側からの質問にも真摯に答え、自らが先頭に立って交流を進めている。

この夜、大連市内のホテルで和歌山県からの参加者と大連市民の懇親会が行われ友好親善を深めた。挨拶に立った作家の大下英治さんは和歌山放送が連続ラジオ小説として放送している「大賀ハス世界に花開く」と大連との関係について著者として熱く語った。那智勝浦町の寺本眞一町長は、感動を隠し切れないようです。

寺本眞一町長　最終日の懇親会ですが、そこでも二階先生の力強いテーマに関する気持ちとかいろいろな面で、日本の実力者であるということを感じました。中国に対する先生の功績その他を垣間見ました。国家主席が出席されたことを目の当たりにし、それが現実であったように感じました。日中どちらにも友好的でありたいという気持ちがあったから、ということではないでしょうか。民間交流が橋渡しをやっていければと思いました。

元ＪＩＣＡ関西所長で築野食品工業プロジェクト開発室長の築野元則さんは、今回初めての中国訪問であり、次のように感想を語った。

「私の会社は和歌山県で米ぬかを原料とした食用油や薬品、化粧品原料などを製造しています。中国では健康志向が強まってきていますし、身体に良い米油もこれから中国でも大きな可能性があると思います。今回初めて訪問させて頂き、ますますその気持ちを強くしましたし、これからのビジネス面でも、いろいろな可能性を開拓していきたいと思いました」

出発の約1週間前に二階氏は、久保成人観光庁長官、程永華・駐日中国大使らと中国訪問に関して記者会見を行い、「現状の停滞した日中関係を打破し、再び両国関係に春が訪れることを期待する全国各地の同志が集まった。

私が関係する訪中団の編成は5回目になるが、程大使をはじめ中国からは『新しい日中関係の一歩を踏み出したい』とのメッセージも寄せられている。参加者には自己負担でお願いしており、それだけに立派な成果が得られるように懸命の努力をしたい」と抱負を語っていた。

こうした意気込みで臨んだ今回の中国訪問。二階氏は26日の最終日、クルーザーで大連港を視察しながら内外の同行記者団に「今回の訪問に大変満足しています。希望を言えばお互いきりがないことですけれど、膠着していた日中関係を良い方向にお互い努力して行こうと握手を交わすことができ、私はその端緒を開くことができたと思っています。日本の政府と党が一体になって日中関係の未来を開いていこうという決意は中国側にも伝わったと思う」と述べた。

◆中国でも「世界津波の日」の呼びかけ

ところで「世界津波の日」についてはすでに細かく触れたが、二階氏は「日中観光文化交流の旅」でも積極果敢に中国側に協力を呼びかけた。二階氏が公式に国際社会へ提案したのは２０１５年3月に仙台市で開かれた国連防災会議の場である。訪中はその2カ月後のことだ。

約３０００人を北京の人民大会堂に集めた「日中友好交流の夕べ」で重要講話の演説をした習近平国家主席に対して、二階氏は大訪問団を迎えてくれたことに謝意を伝えた。

この中で二階氏は習近平主席が提案した日中間の青少年交流に賛意を示しながら、「特に自然災害の多いアジアであります。アジア諸国の間で防災協力を推進してきましたが、ぜひともこの際、中国の国家主席をはじめ幹部の皆さんのご理解をいただき、11月5日を『世界津波の日』になるよう（国連で）提案したいと思いますので、よろしくご理解賜りたいと思うのであります」と述べた。

さらりと触れただけだが、習近平主席はじめ出席した中国の要人に面と向かって「『世界津波の日』を宜しく」と語りかけたわけだ。国家主席への呼びかけは、中国の国民14億人へのメッセージでもある。

その前日の5月22日、二階氏は中国のトップエリートが集う清華大学で学生を相手に講演した。観光や文化などを通じた日中間の民間レベルの交流の重要性や、国交正常化30周年の記念事業としての訪問団の結成など自らの訪中体験を交え丁寧に話した。

二階氏は加えて「今日まで災害で苦労した経験を我々は中国の皆さんに、アジア各国の皆さんに、この防災の問題を共有していただくことを提案しながら、今お願いをしております。11月5日を『世界津波の日』にしようということを、我々は今、提案しております」と述べ、「稲むらの火」の逸話まで紹介した。

大連の東北財経大学での講演では、自身が国会に提案して日本の「津波防災の日（11月５日）」を制定した経緯を説明するとともに、「その日は、日本国民は学校であれ会社であれ、地方のそれぞれの組織であれ、皆で災害の訓練をしよう、つまり逃げる訓練をしようということです。災害対策は堤防をつくったり、道路をつくったり、河川を強化することはもちろん必要ですが、同時に教育が重要です」と強調した。

そのうえで、国連防災会議で提案したことに言及し、こう語りかけたのだ。

「我々（日本）は11月５日を津波の日にしているが、いっそのこと『世界津波の日』にしてもらってはどうだろうか、そして地球規模で、世界規模で津波に対するチャレンジをしようではないか、ということを申し上げ、私自身だけでも15カ国くらいの国から了解を得ています。国際会議では何日も何日も時間をかけて議論するが、災害はいつくるか分からないものでありますから、早く決めないといけない。ですからこのことを中国の皆さんのご協力をいただき、全世界で、津波、災害に対して尊い命をこれ以上無為に失ってしまうことがないようにしたいと思いますが、学生諸君はいかがでお考えでしょうか」

その年の12月の国連総会で11月５日の「世界津波の日」が正式に決まるが、「津波防災」という異論の出ない課題の共有を通じて日中交流を促進させる――二階氏の津波防災への強い問題意識、執念が使わってくる。

◆日中関係の未来は

二階氏がリーダーシップを発揮して実現した2015年5月の「日中観光文化交流の旅」。習近平国家主席が3000人を超える訪問団を熱烈に歓迎し、重要講話で日中間の民間交流の重要性を指摘した。これは「雪解け」の政治的なメッセージとなり、両国関係が好転するきっかけとなった。

今後はどのような関係になっていくのか。中国のGDP（国内総生産）が日本を抜き、米国に次いで世界2位になったのは2010年。グローバル化が進展する中で「世界の工場」としての中国の存在感が増している。日本にとって中国は最大の貿易国となり、日中の経済的な相互依存関係は深まるばかりだ。

政治的な「雪解け」を受けて政府間の交流も動き出した。

2019年6月に大阪で開いたG20や中国・成都で開催された日中韓のサミットの際に安倍首相と習近平国家主席の首脳会談が行われるなど、首脳間の交流も進んでいる。新型コロナウイルスの感染拡大で当面延期となってしまったが、２０２０年春には習近平国家主席の国賓としての来日も予定されていた。

しかし、尖閣諸島の領有権や歴史認識の問題をめぐり、政治的には依然として「溝」があることは否定できない。ＮＰＯ法人・言論ＮＰＯは２００５年から毎年、日中共同世論調査を実施している。２０１９年の調査結果では、中国人の日本に対する印象の改善は進み、日本の印象を「良い」とする人は45・９パーセントとなった。日本の尖閣諸島国有化の翌年の２０１３年は中国側の「良い」が5・2パーセントまで低下しており、日本への好感度が着実に上昇している。これに対し日本側の意識は対照的な状況だ。中国側に「良くない」とする印象を持っている人は、やや下がっているとはいえ84・７％にものぼるのだ。

そうした中で、日本を訪れる中国人観光客が急増した。観光立国を目指す日本はインバウンド客の誘致に力を入れ、訪日外国人旅行客は２０１８年に３０００万人を突破した。このうち中国人観光客は２０１７年に７００万人を超えた。ただ、２０２０年にはコロナ禍が地球規模で広がり、ヒト・モノ・カネの国境を越えた動きがストップ。東京五輪・パラリンピックは1年延期となり、今後の動きが見通せないのが現状だ。

米国のトランプ大統領の「アメリカ・ファースト」の外交路線は中国との軋轢を生んでいる。日本は日米関係に配慮しつつ、日中関係も進展させていかなければならない。グローバル化の進展が国と国との格差を拡大させ、国際社会は新たな課題を突き付けられている。こうした中でこそ、二階氏がリードする「民間交流」がより重要になるはずだ。

コラム

「琴線に触れた」中国人学生の作文

自民党本部4階の幹事長室は千客万来だ。多忙な幹事長のスケジュールを見ながら、まずは秘書が「来客リスト」を作成する。どうしても時間の調整がつかず、「丁重にお断り」をすることも少なくない。

だが、そうした中でも二階幹事長は毎年2月ごろに中国から訪れる若者には、スケジュールをやり繰りしてでも必ず会うことにしている。親中派の二階氏らしい気配りがあるからだ。

訪ねるのは、中国人の日本語作文コンクール（日本僑報社主催）の最優秀賞（日本大使賞）の受賞者だ。4000を超える応募作品の中から選ばれる入賞作はどれも、驚くばかりの作文だ。最優秀賞者は、副賞として「日本一週間招待」をプレゼントされる。その際、二階氏を訪問するのだ。

2018年に来日したのは河北工業大学の宋妍さん。第13回コンクールで「中国の『日本語の日』に花を咲かせよう」と題した作文で最優秀賞を受賞した。主催者が「日本語の日」と決めた前年の12月12日に北京の日本大使館で受賞式と日本語スピーチ大会が開かれた。

宋さんの作品は、大学の食堂で働く中国人の調理師の話をもとに作られた。調理師の青年は、食堂で日本語の会話をしていた宋さんに「自分に簡単な日本語を教えて欲しい」と声をかけた。

話を聞くと、青年の母親は日本に働きに行き東日本大震災に遭遇していた。宋さんも動画を見て大震災の惨状を知っていた。

青年は母親のことが心配でならなかったが、数日後に日本人のボランティアに助けられて母親が無事であることがわかった。青年はいつか日本人に恩返しをしたい。そのために日本語を習いたいと考えた。青年が日本語の勉強会に参加したことで、中国人の運転手さんやケニア人の院生も加わった。

多くの仲間と日本語を学ぶ中でNHKの放送を通じて「花は咲く」の被災者を励ますミュージックビデオの活動も知るようになった。「花は咲く」を歌い、この曲が中国で広がれば、震災の被災者を思う自分たちの気持ちが日本人に届くと信じている。宋さんの作品はそのような内容だ。

宋さんは、コンクールを主催する日本僑報社の段躍中さんと一緒に二階幹事長室を訪ねた。二階氏は宋さんの作文に目を通し、感激した様子で「私の琴線に触れる作文だ」と繰り返した。二階氏は東日本大震災のあと、将来、想定される大災害の被害を防ごうと「国土強靭化推進基本法」の制定に心血を注いだ。その作品を読んで国土強靭化が日中友好の絆をより深めるかもしれない、と思ったのではないか。15分の予定だった面会時間が45分にもなった。

宋さんは実は「琴線に触れる」という言葉を知らなかった。二階氏から丁寧にその意味を教えてもらい、胸がいっぱいになった。宋さんは、二階氏の言葉を大切な日本のお土産として中国に持ち帰ったことだろう。（S）

第5章　近くて遠い国を訪ねて

文在寅政権が誕生後、日韓関係はかつてないほど悪化した。

文政権が第二次大戦中の徴用工に対し日本企業が賠償金を支払うよう命じる大法院判決を容認。日本政府は対抗措置として貿易の優遇措置（ホワイト国）の対象リストから韓国を外し、これに対し韓国側が軍事情報包括保護協定（ＧＳＯＭＩＡ）の破棄を通告するなど関係が泥沼化している。

２０２０年４月に行われた韓国の総選挙では、文政権を支える与党が勝利し、両国の「凍てつく関係」はなお続きそうだ。日韓関係を覆う暗雲を取り払おうと自民党の二階俊博幹事長が展開するのが「民間交流」だ。全国旅行業協会の会長を務め「観光こそ平和産業だ」と主張し、文政権時代だけでなく観光団と共に訪韓したした。

二階氏流の「近くて遠い国」との「架け橋外交」を和歌山放送の二つの特別番組などから再現する。

◆就任１カ月の文在寅大統領と会談

和歌山放送は２０１７年７月２日午後２時から１時間、特別番組「日韓観光経済交流団の旅～友好親善を目指して」を放送した。

ナレーター　慰安婦問題で日韓関係が冷え込む中、安倍首相の親書を携えて就任1カ月の文在寅大統領と会談した二階俊博幹事長は、帰国した翌日の先月14日、さっそく総理官邸に安倍総理を訪ね報告しました。共謀罪の趣旨を盛り込んだ組織犯罪処罰法改正案の国会審議をめぐって与野党が激しく対立する中、官邸を訪れた二階幹事長は記者団に取り囲まれ、注目の文大統領との会談について、「十分な成果があった」と述べました。

二階氏　総理も満足しておられたようで、「よかったですね」ということであります。日本と韓国の関係ですから、発言の内容は官邸に届いてます。半分当事者みたいなものですから、ああだったこうだったというのは僭越ですが、しかし、難しい状態ですから、そういうことから言うと、私は十分な成果があったと申しても過言ではないと思います。

　文大統領は慰安婦問題の解決には時間が必要だとしながらも、未来志向の日韓関係を築けないということではない、と話したという。そして二階氏と文大統領は、両国の関係を改善させるためシャトル外交の再開をめざし日韓関係の改善を加速させることで一致した。慰安婦問題に関しては、文大統領が「時間が必要」と述べていることから、懸案の解決の糸口はつかめなかったようだ。

そもそも今回の二階氏の訪韓は、政治的には安倍首相の親書を携えて首脳会談の開催を要請するのが大きな目的だった。政権与党の首脳という政治的に大きな影響力がある立場にあるとはいえ、二階氏は外交当局者ではない。立場上、記者への説明で踏み込んだ話をするわけにはいかないのだろう。「十分な成果」とは何だったのか。

◆訪問日程には文大統領への気配りが

今回の訪韓にあたって二階氏の文大統領への細かな配慮や気遣いは、その訪問日程からも見て取れる。二階氏は6月10日に自身が会長を務める全国旅行業協会やＪＴＢなど大手旅行業者で組織する日本旅行業協会の幹部など３６０人と一緒に訪韓。ソウルに到着後、まず訪れたのは、全羅道の木浦市。文大統領の支持者が多い地域だ。

現地で案内役をしてくれたのは朴智恩氏。金大中政権で文化観光部長官を務め、小渕政権時代の運輸大臣だった二階氏のカウンターパートとして、日韓共催のサッカーワールドカップの実現に向けて協力し合った仲でもある。

10日夜の歓迎レセプションで二階氏が「前の国民の党代表の朴智恩先生においでいただいています。我々と日程をご一緒いただいています。（朴先生とは）韓国と日本、その間の友好をさらに広げていくようお互いに努力しようと誓い合っているわけであります」と挨拶した。
　これに対し朴智恩氏は「私が二階先生に初めてお会いしたのは1999年のことです。金大中大統領、小渕総理が済州島での日韓首脳会談でお会いした際、文化観光部の長官としてお会いしました。私がここで強く言いたいのは、二階先生がいらっしゃらなければ、このような日韓関係はなかったということです」と述べた。

文在寅韓国大統領と会談する二階氏
（2017年6月　韓国ソウル・青瓦台）

　今回の訪韓での二階氏の政治会談は、12日夜に文大統領、12日午前には与党の「共に民主党」の秋美愛代表と行われた。文大統領との会談は、帰国便に搭乗する時間が迫ったこともあり、同行記者は現地で会談後の取材ができなかった。このため特別番組では、秋美愛代表と二階氏の政権与党の首脳会談を詳しく紹介した。その一部を再録する。

秋美愛代表　文大統領は日本との外交関係を持っている議員を日本に特使として派遣しました。これは文大統領が日本との外交における方向性を早期に発見することで、未来志向的な関係を取り戻したいという強いメッセージだと思います。文大統領就任後、両国の交流を高めようという前向きな動きに期待が高まっています。

二階氏　未来志向の日韓関係を築いていくうえでは、首脳レベルの意思疎通が極めて重要だと考えております。まず7月のG20サミットの際に日韓首脳会談が実現することが期待されていますが、その後の日中韓サミットの際に文在寅大統領に来日していただくことも、私たち日本の国民は歓迎しております。また、文大統領からご提案のあったシャトル外交については我々も大賛成であります。

◆日韓の架け橋・木浦共生園を訪ねて

2月10日、ソウルから木浦入りし、朴智恩氏らの歓迎レセプションに参加した二階氏ら訪問団は、翌11日午前、木浦の児童養護施設・共生園を訪れた。

ナレーター　訪問団は韓国人のキリスト教伝道師・尹致浩（ユン・チホ）と結婚して3000人の身寄りのない孤児を育て「韓国孤児の母」と言われた高知県出身の田内千鶴子さんが夫と共に設立した児童福祉施設・共生園を訪問し、子供たちの心温まる合唱で迎えられました。

特別番組では詳しく触れていない木浦共生園の設立の経緯などについて、少し丁寧に紹介しておきたい。いくつかの記録によると、田内千鶴子さんは朝鮮総督府の官吏であった父に連れられ木浦に移り住み、キリスト教伝道師だった尹致浩氏と知り合った。尹致浩氏が１９２８年に身寄りのない7人の子どもと暮らし始めたのが木浦共生園のはじまりだ。田内千鶴子さんは木浦共生園でボランティア活動をする中で尹致浩氏と結ばれた。

１９４５年8月、第二次大戦は日本の敗戦で終結したが、妻が日本人だというだけで尹致浩氏は迫害を受けた。その後の朝鮮戦争で社会が混乱する中、子供たちのために食糧を探しに行った尹致浩氏は行方不明になった。反日感情の高まりを身に受けながら、千鶴子さんは夫に代わって韓国名の尹鶴子（ユン・ハクジャ）を名乗り、チマチョゴリ姿で孤児たちを養育した。育てた戦争孤児は３０００人にのぼり、その献身的な努力は韓国の多くの人々の心を動かした。創立20周年を迎えた時には村人が記念碑を建て、韓国政府は「大韓民国文化賞」を贈った。

１９６８年11月に58歳で永眠、葬儀は木浦市民葬として執り行われた。朝鮮日報は「お母さん！幼い私たちを置き去りにしてどこへ行かれるのですか。孤児たちの泣き声に港町木浦が泣いた」と書いた。

死の直前、意識がもうろうとする中で尹鶴子さんが長男の尹基（ユン・ギ）氏に日本語で「梅干しが食べたい」と漏らした。韓国語しか話さず気丈にふるまってきた母が人生の最後を迎えて日本人に戻ったのだ。

その話に感動した小渕恵三首相は２００２年に梅の木20本を共生園に贈った。いつか共生園を訪れたいと言っていたが、小渕氏は急逝し、共生園開設80周年の２００８年には故人に代わって小渕夫人が記念事業に出席した。田内千鶴子さんの生涯は日韓合作映画「愛の黙示録」として再現された。出身地の高知市には１９９７年10月31日にその偉業を称える記念碑が建てられた。その日は田内さんの誕生日であり、命日でもあった。

さらには、尹基氏は母の最期の言葉を胸にその後、大阪府堺市などに在日コリアンのための老人施設「故郷の家」を建てた。異国の地で年老いた同胞に母国の「キムチ」を味わってもらいたいと。田内千鶴子さんの意志は息子に引き継がれ、「故郷の家」は大阪、京都、東京にも建てられ、老人福祉で日韓を繋ぐ施設としてその数を増やしている。

ナレーター　歓迎の挨拶をする田内千鶴子さんの子どもで共生福祉財団の尹基会長です。

尹基会長　皆様方が田内千鶴子は立派だと、３０００人の孤児を育てたことをほめて下さることは、息子として感無量です。過分な評価をしていただいているのではないかと感謝に堪えません。

私たちが忘れてならないのは、田内千鶴子を守ってくれたのは木浦の市民だということです。戦後、韓国は反共主義、反日政策でした。田内千鶴子は日本人なので、歴史の中でいついなくなってても不思議ではない状況でした。こうした情勢とは違った考えをする市民が多かったので、私は木浦の市民に感謝をしています。

ナレーター　尹基会長の案内で施設を回る二階幹事長ら訪問団です。児童養護施設・共生園の視察を終え、記者団の質問に答える二階幹事長です。

二階氏　きょうは木浦の皆さんも大勢で私たち一行をお迎えいただきました。我々360人も同じ思いをもって今後の日韓の交流に少しでも役に立ちたいと、そういう貴重な思いをもってこの訪問団に個人でそれぞれ参加いただいたわけです。政府が仕掛けた観光団ではありません。個々の皆さんのお気持ちをもって、ここにお集まりいただいたということは非常に大きいことです。

かねて田内千鶴子さんの尊い日韓交流というか、子供たちに対する愛情、おそらく世界の子供たちに向かって同じ思いを抱いてこの仕事に生涯を捧げられた田内千鶴子先生のゆかりの地までおうかがいできたことに、大変、感銘を受けております。

◆日韓友好の夕べで観光交流

12日夜、木浦からソウルに戻った一行はロッテホテルで午後6時から開かれた「日韓友好の夕べ」に参加した。「日韓友好の夕べ」では、「日韓観光代表者意見交換会」と韓国側主催の歓迎会が催された。今回の訪韓の大きな目的は、政治的には二階氏と文在寅大統領との会談だったが、民間交流としては「日韓友好の夕べ」が重要視されていた。「友好の夕べ」の「日韓観光代表者意見交換会」では、日本側からは二階氏をはじめ、林幹雄自民党幹事長代理、田村明比古観光庁長官、長嶺安政駐韓日本大使、全国旅行業協会や日本旅行業協会の幹部らが出席。韓国側の観光業者らを合わせると参加者は450人にのぼった。

ナレーター　本日は日本と韓国を代表する政財界、経済界、メディアなど各界から450人が参加しています。韓国側を代表して朴三求アシアナ航空会長です。

朴三求会長　今回、安倍首相の特使として来韓されました二階幹事長は、長年にわたり日韓関係の発展にご尽力されてきました。日韓両国は地理的に最も近いばかりでなく、文化的にも長年の交流を通じて共通点を持っている最も重要な隣国同士です。午前中に訪問されました共生園も日韓友好交流の象徴であります。2001年1月、東京の地下鉄駅（実際はJR新大久保駅）で線路に落ちた日本人を助けようとして亡くなった李秀賢さんも同じく象徴であると思います。日韓両国は政治的に疎遠な時期もありましたが、国民同士は近い隣人として、民間レベルの交流を続けてきました。

特にここ数年間、減少傾向にありました訪韓日本人数は、2016年に前年比25％増加して230万人を記録してターニングポイントを迎え、今年も270万人以上が韓国を訪れるものと期待しています。平昌オリンピックが開かれる2018年には日韓相互交流1000万人といった、両国交流が新しい次元になるものと期待しています。東京オリンピックが開催される2020年には、日韓相互交流1500万人をめざして努力していきたいと思います。また2022年には中国の北京で冬季オリンピックが開かれます。日中韓3カ国で連続して開催されるスポーツの祭典を3カ国が積極的に協力して準備することは各国の観光産業の飛躍的な発展のみならず、政治、経済、社会などのあらゆる分野の交流と協力を活性化できる良い契機になると考えております。

二階幹事長　日韓両国が親善を深めるためには、両国の国民同士、民間レベルの交流が最も大事なことであるということを、ご来席の皆様も心の中で「その通りだ」とおっしゃっていただいていると思います。日韓は最も重要な隣国同士であり、両国民の心の交流を図ることが何よりも重要であります。そのために私たちは観光を特にその接点として考えていきたいと思います。双方向の観光交流の拡大により、まず人と人とのつながりフェイス・トゥ・フェイスの関係、これを築いていくことが日韓関係の礎となっているであろうと言われております。私の今回の訪韓の大きな目的のひとつは、日韓交流を拡大していこうと、大幅拡大を考えているのであります。このような国民レベルの交流促進を通じて、新政権下でも日韓関係を一層改善しようではないかということを、私は韓国の要人の皆さんや、できるだけ多くの国民の皆さんにお伝えしたいと思います。来年の平昌の冬季オリンピック、２０２０年夏の東京オリンピックを契機として、交流の裾野を広げ、観光を通じて未来志向の新しい日韓関係を構築していくことが最も大事なことであり、お互いにこのことを約束しあって協力を重ねることによって、大きな成果を得ることができるように心から願っております。是非ご同席の皆さんの賛成を得たいと思います。

◆感動を語る和歌山の参加者

韓国訪問最終日の5月12日、二階幹事長らは、共に民主党の秋美愛代表との会談のあと、李洛淵首相、さらに青瓦台で文在寅大統領と会談した。二階氏は文大統領が就任後初めて会談する日本の政治家だっただけに、内外メディアの大きな注目を集めた。

ただ、和歌山放送の記者を含め訪問団の一行は、帰国便の搭乗手続きもあって青瓦台には行かず、仁川空港で二階氏らを待った。その間に空港で和歌山からの参加者にマイクを向けた。

ナレーター　最近日本と韓国の関係が若干冷えていることもありまして韓国の観光客が激減していますが、和歌山にも大勢韓国から観光客がお見えになっています。今回のこういう機会をとらえてお互いにもっと交流が深まれば、非常に大きな交流になったんじゃないかと思っています。いかがだったでしょうか。

高瀬一郎和歌山県企画部長　私は旅行会社の社長さんとお会いしまして、和歌山に韓国からの旅行客を連れてきていただけると確約をいただき、そういう成果もありました。また、関西国際空港にチャーター便を確保し、そのうちの3分の1ぐらいを和歌山にまわしてくれるとの話もございましたので、非常に大きな成果だったと思っております。

濱口太史和歌山県議会議員　来る前は日本と韓国はいろんな問題があって、なかなか仲良くなれていないところがありましたが、二階幹事長を筆頭に訪韓団を結成され、その中に加えていただきました。韓国に来てみると、やはりこちらの気持ちも伝わったような気がします。温かく迎えていただきましたし、また今回の一つの大きな目玉として木浦にあります共生園では、田内千鶴子さんが韓国の孤児を3000人も育てた施設を経営していたということを聞きまして、日本と韓国は別に国が違えども子供のことを一生懸命考えてきたという美談にもう少しスポットを当てて、日本の方にも知っていただけたら日本も韓国と仲良くなろうという機運が高まるのではないかなと思いました。

島精機コリア・佐山裕一代表理事　私は韓国で実際に現地法人として経営をしていますが、昨今の日韓の情勢は非常に気になっているところです。今回のような政府レベルの交流というので動くというのが民間企業にとっても将来的に明るく、我々は何をすればいいのか、というきっかけになればいいと思います。これを民間レベルでも広げていくような小さなことでも続けていきたいと強く感じた次第です。

（共生園については）恥ずかしいことですが、民間でも交流があったということは参加するまで全く存じ上げてなくて。我々自身も、すること気づくことがあったのではないかということで、すごく良い機会になったと感じております

岡本設計・坂本曉史社長　非常に有意義だったと思います。日本と韓国の親善のために知らなかったことが聞けたのがすごく良かったと思います。日本の方が韓国で孤児を３０００人も育ててこられたという共生園、この事は知らなくて、非常に感銘を受けまして涙が出るような思いをしました。民間レベルでお互いにいいところを探し出して、相互に理解することが日韓の友好につながっていくと思います。

共生園前で記者会見する二階幹事長
（韓国・木浦市）

夫婦で参加した平阪恵知子さん　いろいろ政府間とかで問題がある、ギクシャクしている中で木浦に連れて行ってもらって、高知県出身の田内千鶴子さんという方が本当に献身的に孤児の面倒を見て３０００人から４０００人近くを育てあげてこられたという話を聞いて、とても感動しました。もっと日本の方々にもこの話を広く知って頂きたい。もちろん韓国の方にもＰＲして。（日本は）ひどいことをしたかもしれないけれども、こんなにすごい慈愛に満ちた人もいたんだよと、そういうことをいっぱい知ってもらいたいなと思う。いい交流会だったと思います。

ナレーター　二階幹事長は13日に帰国し翌14日にさっそく総理官邸を訪れ、安倍総理に文在寅大統領との会談の報告をしました。会談で文大統領は慰安婦問題の解決には時間が必要だが、未来志向の日韓関係が築けないということではない。歴史問題についてはともに知恵を絞っていくことが必要という認識を示しました。これに対し二階幹事長は未来志向の日韓関係を築いていきたいと呼びかけました。そして両国の関係を改善させるため首脳によるシャトル外交の再開を目指し、日韓関係の改善を加速化させることなどで一致しました。二階幹事長は、安倍総理に報告した後記者団に囲まれ、「安倍総理は今回の文大統領との会談（の報告）に非常に満足しておられた」と話しました。日韓観光経済交流団の韓国訪問は慰安婦問題で冷え切った日韓関係に新風を吹き込み、未来志向の関係に向け着実に一歩を踏み出したようです。

◆日韓国交正常化50周年で朴槿恵大統領と会談

二階幹事長が文在寅大統領と会談した「日韓観光経済交流団の旅」の2年前の２０１５年は、日韓国交正常化50周年の記念すべき年で、戦後70年の節目の年でもあった。本来なら両国が友好親善のイベントをにぎにぎしく開催し、交流の促進に向けてのムードが盛り上がるはずだった。ところが、慰安婦問題や竹島問題に加えて産経新聞のソウル特派員が韓国の検察当局に名誉棄損で起訴される事件などがあり、その時期も両国間には暗雲がたちこめていた。

そうした中で自民党の二階俊博総務会長が率いる「日韓観光交流団」の１４００人が2月13日から2泊3日の日程でソウルを訪問し、二階氏は朴槿恵大統領と会談した。この交流団に和歌山放送の取材記者が同行し、3月1日正午から1時間、「日韓国交正常化50周年と和歌山～日韓観光交流拡大会議と沙也可の里を訪ねる旅」と題した特別番組を放送した。

ナレーター　日韓関係が冷え込む中で、雪解けのきっかけとなるか。注目の朴槿恵大統領と安倍総理の親書を携えた自民党の実力者・二階俊博総務会長の会談が２月13日金曜日午後、韓国の首都ソウルの大統領府青瓦台で行われました。

二階総務会長　大統領からのお話は、我々の予想とはまったく違って、いきなり雑賀鉄砲隊の話で始まりました。和歌山の地から豊臣秀吉、加藤清正の時代にその先方隊として鉄砲を持って乗り込んで行ったのが、和歌山の雑賀鉄砲隊であるわけであります。私が経済産業大臣をやっておる時に当時国会議員であられた大統領が同僚の議員をお連れになって大臣室にお見えになった。今回のことで大統領からその時の話の内容についてお話をいただきました。この雑賀鉄砲隊が……。

ナレーター　この観光業者を中心とした１４００人の大訪韓団が政府間の交渉では打開できない日韓関係に、民間交流で活路を見いだせないか注目されました。同時に韓国の英雄・沙也可将軍の故郷とされる和歌山市から尾花正啓市長ら多数が参加し、韓国との観光交流に熱い期待を託しました。

冒頭にナレーターと二階氏が語った「雑賀鉄砲隊」と「沙也可将軍」とは何か。和歌山とどんな関係があるのか。まずはその説明をしておきたい。

雑賀鉄砲隊とは、戦国時代末期に現在の和歌山市に住んでいた雑賀衆の火縄銃の武装集団だ。雑賀衆は豊臣秀吉の命を受け、文禄・慶長の役の際、加藤清正の配下として朝鮮に出兵したが、「このいくさには大義がない」として反旗をひるがえし、李氏朝鮮軍に味方した。出兵した雑賀孫市郎が朝鮮に帰化して「沙也可」と呼ばれ、将軍となったと伝えられる。（以上、和歌山市在住の作家・神坂次郎著『海の伽耶琴』より）

和歌山市には「雑賀衆・沙也可で街おこしの会」という団体もあって、そのいわれなどを研究している。雑賀孫市郎が沙也可であるとの歴史的な根拠があるわけではないというが、地元の作家・神坂次郎氏は沙也可の物語を１９９３年に小説「海の伽耶琴」として出版。その小説は韓国語に翻訳され、韓国でも話題を呼んだ。

一方、韓国側では、沙也可が将軍となり金忠善という名前を授かったと伝えられている。金忠善将軍は李王朝から慶尚北道大邱市近郊の友鹿洞（ウロクトン）に土地を与えられた。友鹿洞は言ってみれば「日本人村」だ。その子孫は7000人にのぼり、朴槿恵大統領の父の朴正熙政権時代に法務大臣を務めた金致烈氏は沙也可の子孫だったという。

そうした縁から2010年には沙也可から数えて14代目の子孫が和歌山市を訪ね、「沙也可シンポジウム」が開かれている。それを記念して地元の紀州東照宮には沙也加の顕彰碑が建立された。その碑文を揮毫《きごう》したのは二階氏だった。韓国側では、沙也可将軍の故郷の友鹿洞に、日韓両国の親善のシンボルとして「韓日友好館」を建てた。

二階氏と朴槿恵大統領の会談では、雑賀鉄砲隊と沙也可の話で盛り上がり、日本と韓国の関係回復に努力しようということで意見の一致を見たと言う。二階氏は会談後、関係者に「今年1年で日韓間のすべての問題を解消し、楽しい思い出になる年にしたい」と語った。

◆沙也可の里を訪ねて

訪問団のうち和歌山から参加した尾花正啓市長らは大邱市に向かい、日韓国交正常化50周年の記念事業にもなった「沙也可（金忠善）の里懇談会」に参加し、沙也可の子孫らの歓迎を受けた。さらに翌日には、友鹿洞の韓日友好館を訪れ、交流を深めた。和歌山放送は特別番組とは別に、尾花市長らの韓国訪問を2月14日にニュースとして以下のように放送した。

日韓国交正常化50周年を記念して、韓国を訪問している尾花正啓和歌山市長ら一行は、きょう（14日）午前、沙也可将軍ゆかりの地・友鹿洞を訪れ、その子孫らと交流を深めました。

沙也可将軍は１５９２年の文禄・慶長の役の際、豊臣秀吉の朝鮮出兵に疑問を感じて投降し、朝鮮軍の一員になって日本軍と戦ったとして、現在も朝鮮半島では英雄視されていて、紀州・雑賀衆の武将だったという説があります。

きょう（14日）の訪問で、尾花市長ら一行は友鹿洞の韓日友好館で沙也可親族の会の金相保会長らの歓迎を受け、沙也可将軍ゆかりの展示物やビデオを見学しました。

また、２階にある和歌山の紹介スペースを視察した際、尾花市長は沙也可と和歌山の関係をもっとアピールする充実した内容にしてもらうよう、同行した和歌山市の職員に指示を出していました。

訪問団に同行した「雑賀衆・沙也可で街おこしの会」の辻健会長はこう語っている。

辻健会長　私の友鹿洞訪問は今回で8回目になります。国交正常化50周年の今回の訪問に参加させていただいて非常によかったと考えています。多くの方に〝沙也可の里〟の３００坪もある韓日友好館を見ていただき、その大きな建物が和歌山のＰＲ館のように思いました。〝沙也可の里〟

は朴槿恵大統領の選挙地盤で、沙也可の子孫の方が一時後援会長を務めていたということも聞いています。日韓首脳会談が（日本で）あるなら朴大統領にはぜひとも和歌山を訪ねていただきたい、そのように思っています。

◆50周年記念のイベント盛大に

政治的に冷え込んだ中で日韓国交正常化50周年を迎えたが、日本からは１４００人の大訪問団が参加した「日韓観光交流拡大会議」と「日韓友好交流の夕べ」がソウルで開かれた。両国の観光業の関係者が勢ぞろいした盛大なイベントだったが、ここでも「観光大使」としての沙也可が登場する。

ナレーター　日韓観光交流拡大会議で主催者を代表して挨拶する二階全国旅行業協会会長は、和歌山の雑賀鉄砲隊と沙也可将軍の日韓をめぐる歴史を紹介しながら、友好交流の発展は地方の観光交流に不可欠と訴えました。

二階会長　韓国と和歌山県にも不思議な縁があります。いまから４００年以上前の豊臣秀吉による朝鮮出兵の際、私どもの郷里の和歌山から雑賀鉄砲隊が先鋒隊として参加をいたしました。しかしこの戦いに義はない、(朝鮮側は)戦う気持ちを持ってない、しかも武装もしていない人々の所へ土足で乗り込んでいっていいのだろうか、という兵隊たちに反省が起きてまいりました。そして、これは日本の方が悪いということで、この私たちの先祖はそこで気持ちを切り替えて朝鮮の側の一員になって戦いました。そのことは韓国の皆さんに語り継がれておるわけでありますが、私はこのことをきっかけにして韓国と日本とが本当の友情を交わすことになれば良いと思っております。特に今日もこの会場にご出席をいただいておりますが、遠く友鹿洞の地から今日の私たちの会、また夜の大会にご出席をいただいております。この方々は末裔の方々でございますが、既に14代続いておられます。その中から韓国の法務大臣が出ております。金致烈とおっしゃいますが、金法務大臣は調べてみると、私が学んだ同じ大学を出ておられますからご縁は調べていけばいくほど深まっていくと感じておるものであります。話し合えば話し合うほどどこの両国交流の糸口はたくさんあるわけでありまして、私は今日おいでの全国旅行業協会のそれぞれの皆さんは韓国に来た時には、ソウルだけではなくて、それぞれ地方も訪問していくことが大変意義深いことだと思っております。

ナレーター　拡大会議では「日韓観光交流拡大宣言」が満場一致で採択され、平和産業である観光が先頭に立って友好交流を推進することなどが確認されました。

【日韓観光交流拡大宣言】

日韓両国の国交正常化50周年の記念すべき年を迎えるにあたり、一般社団法人全国旅行業協会及び韓国観光公社は、日韓観光交流拡大会議イン・ソウルにおいて、日韓の友好の絆を深め両国間の人的交流拡大を促進するため次のとおり宣言する。

1. 両国の観光等及び観光関係団体企業と密接に連携して最大の平和産業である観光が先頭に立って、双方向の友好交流を積極的に推進する。

2. 両国で開催されるイベント博覧会・文化芸術交流・青少年交流・スポーツ交流・自治体交流など様々な交流事業に積極的に協力し双方向の観光交流拡大を促進する。

3. 特に両国間観光交流を一層拡大するためには、地方間交流が最も重要であるという認識のもと、地方都市で開催される民間交流と連携して両国地方交流活性化事業を積極的に推進し、地方の観光資源の魅力を伝えるとともに、地域経済の活性化に貢献する。

4. ２０１８年平昌冬季オリンピック・パラリンピック及び２０２０年東京オリンピック・パラリンピックの成功に向け、情報を共有し双方向及び諸外国からの来訪を促進する。

２０１５年２月14日

一般社団法人全国旅行業協会会長　二階俊博

韓国観光公社社長　卞秋錫

ナレーター　夜に入って日本から国会議員や別所浩郎駐韓日本大使、久保成人観光庁長官、大塚陸毅日本経済団体連合会副会長、浜田恵造香川県知事、尾花正啓和歌山市長、中村慎司紀の川市長ら各方面の関係者や観光関係者ら１４００人と韓国側から主催者の朴三求アシアナ航空会長ら多数が参加した日韓友好交流の夕べが華やかに開かれました。韓国側を代表して徐清源・韓日議員連盟会長のご祝辞がございます。

徐清源会長　韓国のメディアは二階会長とそして皆様方のご訪韓を大々的に報道いたしました。これはまさに韓国のメディアもそして国民も日韓関係が今冷え込んでいることを望んでいない、そしてこれが解決されることを望んでいるということを表しているものだとご理解いただければと思います。韓国国民も皆様が本日このようにご訪韓をされたことで大変、心を大きく開いたものと確信しています。両国の政府間で問題は存在しておりますが、しかしながら私たち議員連盟は1月の半ばに日本を訪問させていただき、議員同士で活発な交流を行っていくことで合意をしてきました。そしてこれからの民間交流、本日この場には韓国の長官、そして日本からも国会議員や経済界・知事ら自治体関係者・観光関係者など各界の皆様にお集まり頂きましたが、我々といたしましてもこうした行事を開くことで日韓間のイベントを開き、交流を深めていきたいと思います。改めまして日本からおいでいただきました国会議員の皆さま、韓国の国会議員の皆さまにも感謝を申し上げます。ありがとうございました。

ナレーター　会場では沙也可将軍の活躍を紹介したビデオも放映され、日本から人気キャラクターのくまモンのぬいぐるみが出演したり、キム・ヨンジャの熱唱が披露され盛り上がりました。参加していた尾花市長も沙也可を通じた和歌山市と韓国との観光交流に確信を持ったようです。

尾花市長　日韓交流拡大会議に出席させていただくために来ました。日韓国交正常化50周年という節目の年でもあり、これから関係が改善されていかなければいけないと考えています。このまま悪化した関係を固定化するのではなく、やはり雪解けをこれからしっかりとやっていかなければならないと思っています。和歌山市としてもこれから地域間の交流、都市間の交流を通じて改善の役に立てればと考えています。観光交流というのは平和交流です。平和的な交流を通じてしっかり両国間の関係を高めていきたいですね。

その平和の象徴として和歌山市と大邱市、また日本と韓国がこの観光を通じて交流を拡大していくということが大切だと考えています。和歌山市は外国人の観光客が非常に増えています。この３年間で10倍の宿泊客になっています。５６００人だったのが今はもう６万人で、３年間で10倍になる。日本の中でも多分トップクラスだと思いますが、大きな伸び率を示しています。これからますます外国との交流というのが観光分野を通じて大事になってくると思っていますので、私は今回の韓国訪問を非常に意味があったものだと考えています。

ナレーター　今回の訪問団に加わり、青瓦台で朴槿恵大統領、二階会長との会談にも同席した門博文衆院議員は今回の訪韓の成果を次のように語りました。

門博文衆院議員　大統領にお目にかかって会談の内容を側聞させていただいた中で、日韓、韓日がもう一度友好関係を取り戻して、これからまた次の50年に向けて新しい時代を切り開いていく、そんな期待を感じましたし、私たちはそのことに対して自分たちができることを率先して行なっていかなければいけない、そんなことを強く感じながら過ごさせて頂いた3日間であったと思います。今から10年以上前になりますけれども、初めてこの沙也可のお話をうかがって、現地の友鹿洞に行きました。それから数えて5度目の訪問でありましたけれども、行くたびに当時の光景、情景を思い浮かべ、そしてまたその時にその主人公たる人たちが何を考えどう行動したのかということに思いをはせながら今回も旅をしました。和歌山とこの沙也可の縁を大切にして、またより多くの和歌山の人にはこのお話を知っていただいて、今回は近隣の大邱に関空からＬＣＣも飛ぶと聞きましたので、ぜひとも両都市間の交流も盛んになればと思います。

コラム

トキと日中自然保護外交

アジア外交に力を注ぐ二階幹事長。特に重要なパートナーは中国だ。習近平国家主席ら中国首脳は二階氏に絶大な信頼を寄せる。日中親善への想いを抱く二階氏は外交関係に留まらず、文化や地域間の地道な日中交流事業を様々な形でサポートしている。今回、紹介する「朱鷺（トキ）が架け橋となった日中トップ間の戦略的互恵物語」もその一つだ。

１９９９年にトキ（特別天然記念物・学名ニッポニアニッポン）が絶滅の危機に瀕しているとの懸念の声が高まった時、中国側は法律を変えてまでトキのつがいを日本に贈呈した。その裏には、当時の江沢民主席側近と新潟県側（平山征夫元新潟県知事）の強い絆があった。以来、トキを通じた両国の深い交流は、技術相互学習（孵化、育成等）、陝西省（洋県）と新潟県（佐渡市）の人的ネットによって続いてきた。２０１０年代以降、両国関係が厳しい局面を迎えても、「トキ外交」のみが戦略的互恵関係によって維持し続けたことは特筆に値する。

今や佐渡に舞うトキは自然界と保護センターで約６００余羽を数えるようになったが、一方で懸案もある。鳥インフルエンザなどの防疫の見地から遺伝的強化を図る必要が出てきたのだ。ここで「新しい血」の導入に尽力したのが、二階幹事長と井上義久公明党幹事長（現副代表）。２０１７年12月末、訪中の際、当局トップに直談判し、新たなつがいの貸与が決定した。

翌年はトキ自然放鳥（野生復帰）10年の節目。10月14日、眞子内親王殿下、原田義昭環境相（当時）臨席の元、佐渡で盛大な式典が開かれた。2019年4月には中国から渡ってきた2羽（楼楼、関関）と日本のトキとのペアから7羽の日中ハーフのベビーがめでたく誕生。GWには二階氏と花角英世新潟県知事（佐渡出身）がトキ保護センターを視察し、ヒナと対面。現職の幹事長の佐渡訪問は異例で、関係者は大いに感激した。

トキ、雷鳥、ペットなどの保護政策は、原田大臣から小泉進次郎現大臣に受け継がれるが、原田代議士は振り返る。

日中ハーフトキの誕生

「二階先生のお力で大臣在任中に新たな日中ハーフのトキ誕生を迎えられたのは大変光栄。先生の文化や国際交流事業に懸ける信念は、和歌山県に伝わる『稲むらの火』と『世界津波の日』制定の偉業をみてもわかる。私が政治を志した原点は、義父で和歌山出身の前田佳都男元参議院副議長と義兄の前田勲男元法相にある。第二の故郷、和歌山を通じて私は先生の薫陶、指導を受けたと考えている。色々映画化の企画もあるとか。二階先生の為にもぜひ、実現してもらいたい」

二階氏の「戦略的互恵」の尽力によって、新しい日中の血を受け継いだトキの優雅な姿が佐渡の大空に羽ばたく日が遠からず訪れるだろう。（A）

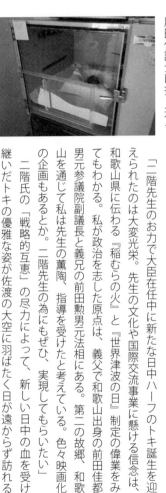

第6章 ツナミでつながるインドネシア

二階俊博氏は隣国の中国、韓国との関係を重視するだけなく、東南アジア諸国との交流も大切にする。各国の首脳らとも幅広い人脈を持ち、日本政府の東南アジア外交を側面からサポートする。日本ではまだなじみが薄いが、アジア版のOECD（経済協力開発機構）を目指す国際機関、東アジア・アセアン経済研究センター（ERIA）の設立を主導したのも二階氏だ。ERIAはアセアンの相互交流や経済発展など様々な施策を提案するシンクタンクでもある。

二階氏は「経済観光交流団」を率いて2015年11月にインドネシアを訪問した。インドネシアは指折りの親日国で、EPA（経済連携協定）で介護人材を日本に送り込むなど人的交流でも太いつながりを持つ。また、両国は大きな津波被害を受けた。日本にとって今後、さらに重要なパートナーになるインドネシア。その国への「友好の旅」の様子を和歌山放送の特別番組を通じて報告する。

◆ジョコ大統領を表敬訪問し、意見交換

和歌山放送は2015年12月13日正午から30分間、特別番組「日本インドネシア文化経済観光交流の旅」を放送した。「交流の旅」は11月20日から4泊5日の日程でインドネシアを訪問。日本インドネシア議員連盟会長でもある二階俊博自民党総務会長を団長とする訪問団は官民合わせて1100人にのぼった。

今回の二階会長らの訪問は、12月下旬の国連総会で採択される見通しとなった「世界津波の日」について、改めて連携、協力を確認することや、12月1日から始まった日本とインドネシアのビザ免除を受けての観光交流の促進を大きな目的にしていた。ハイライトは二階会長によるジョコ・ウィドド大統領の表敬訪問と、ジョコ大統領が出席しての日本インドネシア交流の夕べだ。二階・ジョコ会談については特別番組で細かく触れていないので、外務省の記録を引用して大筋を紹介しておきたい。

ジョコ大統領は二階氏との再会を歓迎し、１０００人以上の日本の要人と共に訪問したことに感激し、今回の訪問が両国の国民同士の友好関係を促進するものと確信していると述べた。これに対し、二階会長は「３度目の訪問を光栄に思っている」と語り、大統領の賛同を得て「世界津波の日」の制定促進のため各国に働きかけた結果、１２４カ国（最終的には１４２カ国）が共同提案国として名を連ねていることを報告。また、インドネシアと日本の間でビザ免除が実現したことを記念しての訪問である旨を述べ、大統領との約束通り１１００人の大型訪問団が参加したことを伝えた。

また、インドネシアの高速鉄道の整備で、日本は新幹線の売り込みを図り中国と争っていたが、インドネシアは財政負担のない中国の鉄道を採用することを9月に明らかにしていた。二階会長はこれに関連して「新幹線が全てではなく、戦略的パートナーとしてインフラ整備に積極的に協力したいという気持ちに変わりはない」と述べた。さらに農業分野の協力について、要請があればコメの増産のための灌漑施設の整備の支援を前向きに検討するとの考えを伝えた。

最後に二階会長はインドネシアのジャカルタに本部を置くＥＲＩＡの発足に自ら関わった経緯を説明し、その活動に対する理解と協力を要請した。ＥＲＩＡは二階会長が小泉内閣の経済産業大臣時代の２００６年に提唱したもので、アセアンサミットや東アジアサミットなどから要請を受けて政策提言を行う国際機関。アセアン10カ国と日本、オーストラリア、中国、韓国、インドの首脳によって了承され２００７年に設立された。将来は「東アジアのＯＥＣＤ」のような役割を担うことが期待されている。

◆「日本インドネシア交流の夕べ」華やかに

特別番組の冒頭ではインドネシア国歌のメロディーを流しながら、ジャカルタのホテルで開かれた日本インドネシア交流の夕べの様子を紹介する。

ナレーター　23日夜ジョコ大統領が出席してメーンエベントとなる１１００人の日本人観光団との日本インドネシア交流の夕べが華やかに開かれました。訪問団を代表して挨拶する二階団長です。

二階氏　日本とインドネシアは心と心で結ばれた古くからの友人であり、基本的価値を共有する大切なパートナーです。特に私たちは地震と津波の被害を受けてお互いに記憶から消し去ること

２０１５年11月ジョコ大統領から勲章を受ける二階氏

ができず辛くて悲しい、言葉では言い表すことのできない経験をしました。自然災害への対応は、人類共通のテーマです。大統領閣下と私たちは力を合わせて世界に向かって津波防災の重要性を発信しなければなりません。日本政府が「稲むらの火」という故事にちなんで11月５日を「世界津波の日」に制定する提案を行ったところ、大統領および副大統領から強く賛同いただいたため、私は直ちに世界各国にも協力を呼びかけることにいたしました。現在、「世界津波の日」を国連総会で採択しようと世界１２４カ国が日本と共同提案国となるという決意を固めていただき今議論が進んでおりますが、議決される見通しとなっていることをこの場で皆様にご報告をさせていただきます。これは日本とインドネシアによる協力の成果であり、私たちは防災問題について重要な役割を担っており、今後、皆さんと共に協力しあいますことをお誓い申し上げます。

ジョコ大統領　きょうは１日の半日分を日本からの旅行団のためにさいています。これは日本とインドネシアの関係の強化にいかに私が注目しているかの証左であると思っています。昨日、マレーシアのクアラルンプールで安倍晋三総理と会談しましたが、その中で私は総理に対しましてインドネシアは日本にとりまして戦略的なパートナーで、良い二国間関係が長い間続いていると申し上げました。そして日本はインドネシアにとりまして重要なパートナーであり、その中では開発または和平にとっても重要な相手であることを説明しました。そのようなことで皆様には日本とインドネシアの連携が密であるかを分かっていただけると思います。そしてインドネシアは巨大なビジネスチャンスがある国です。今回の交流団をお迎えしたことで二国間の友好関係が強化され、インドネシアの経済成長を加速化すると思っております。

ナレーター 和歌山県から参加した人たちも感激です。大地町の三軒一高町長です。

三軒一高町長 お互いに大きな災害を受けた国同士ですから、観光を通じて再び立ち直って、お互いに協力しながら国を発展させようと、また、友好につなげようという話は非常に素晴らしいことで感動しています。

ナレーター 観光の町、那智勝浦町の寺本眞一町長も大いに参考になったと話しています。

寺本眞一町長 我々は観光の町としてやっていかなければなりませんから、地方創生にあたっても主たる産業が観光と水産です。インドネシアも海の幸は豊富にあるので、そういう良さを活かしていければと思います。また、一国の長の大統領の出席に感激です。１１００人もの方がはるばる日本から8時間をかけてインドネシアに来られたことも素晴らしいことですが、そのことに大統領も敬意を示されたのだと思います。

◆アチェの津波犠牲者に哀悼

訪問団のうち二階氏ら約50人が25日、スマトラ島北端のアチェ州バンダアチェ市を訪問した。２００４年のスマトラ沖地震の大津波では死者・行方不明者が23万人にのぼり、中でもアチェは最も大きな被害を受けた。和歌山放送記者は同行できなかったため、朝日新聞と現地邦字紙のジャカルタ新聞の報道から、二階氏のアチェ訪問をお伝えする。

アチェでは大津波で16万人以上が犠牲になった。二階氏らは４万６７１８人の遺体が埋葬されているシロン墓地を訪ねた。二階氏がアチェを訪れたのは初めてで、黙祷のあと記念碑に花束をささげた。続いて津波博物館に立ち寄り、津波を追体験できるコーナーや災害の写真展示などを見学した。

また、津波博物館の敷地にマンゴーの木などを記念植樹。１８５４年の安政南海地震の際に和歌山県広川町の実業家、濱口梧稜が活躍した「稲むらの火」の逸話をインドネシア語に翻訳した漫画本を博物館に寄贈した。

ところで、朝日新聞は２０１５年11月27日の朝刊で「『国土強靭化海を渡る』構想――自民・二階氏、世界津波の日アピール」という記事を掲載。この中で二階氏が「世界津波の日」制定に向けて執念を燃やすのは「日本のインフラを世界に売り込むためのイメージ戦略だ」との見方を示した。

二階氏は全国土地改良事業団体連合会の会長として、民主党政権下で減額された土地改良予算の増額を求めたが、国内の公共事業は頭うちの状態だ。そこで「国土強靭化 海を渡る」と訴え、インフラ整備の輸出を狙っているというのだ。安倍政権もインフラ輸出を成長戦略の柱に据え、2020年には輸出額の目標を10年前の3倍となる30兆円としているが、世界のインフラ市場での日本の受注シェアは4％（2012年）に過ぎないという。経験で勝る欧米や、低価格で競争力を持つ中韓に水をあけられてるというのだ。インドネシアの高速鉄道の入札では、日本の新幹線が中国に負けている。

記事では「特にインドネシアは、2020年までのインフラ需要がアセアン最大の4500億ドル（約55兆円）もあるとされる。二階氏が注目する理由はそこにあり、『海を渡る』構想を実行に移す第一歩と位置付ける」と解説する。

また、二階氏は中小旅行業者の団体の全国旅行業協会の会長も務める。1100人にのぼるインドネシア文化経済観光交流団には、林幹雄経済産業大臣のほか、観光庁の田村明比古長官、日本政府観光局の松山良一理事長らも参加している。山梨や愛媛、高知の各県知事や17人の国会議員らも参加した。両国がビザ免除による観光交流促進の好機ととらえての訪問であることも忘れてならない。二階氏の「友好交流の旅」には、様々な二階流の戦略がインプットされていた。

コラム

農業はオールニッポンで

和歌山県はみかん、梅、柿などの生産量が全国一。約1200億円にのぼる農業生産額の6割余りを果樹が占める。和歌山の農業の主役は米や野菜ではなく果物である。

そんな「果樹王国」の和歌山から2017年8月、全国農業協同組合中央会（JA全中）の会長が誕生した。農協組織のトップに立ったのは田辺市生まれの中家徹氏。JA和歌山中央会会長を歴任するなど「農協ひと筋」の人生を歩んでいる。

田辺市は二階俊博幹事長の選挙区内にあり、中家氏と二階氏は旧知の仲である。二階氏の幹事長就任の約1年後に中家氏が全国の約600ある地域農協を束ねるJA全中会長に選任され、自民党と農協組織の「距離」がぐっと近くなった。

自民党は長年、農村の保守地盤の票に支えられてきた。しかし、小泉純一郎政権のころから農業政策も市場原理主義に傾いたことで、農業従事者の「自民離れ」が始まる。そして「農業者戸別所得補償」を掲げた民主党に2009年の衆院選で自民党は大敗し、政権交代を余儀なくされたわけだ。政権復帰後も自民党は農業分野の「構造改革」に取り組み、政府が農産物の関税撤廃を原則とするTPP（環太平洋経済連携協定）を締結するなどしたため、選挙で自民党支持でなく「自主投票」とする地域農協も出ていた。だが、農協サイドからは「農業振興には与党の後押しが必要」という声が高まっていた。

自民党・農協の関係修復に大きく貢献したのが二階、中家両氏だった。小泉進次郎農林部会長が進める「農協改革」に対して、中家氏は農協自身による「自主改革」を主張した。二階氏には農協側の意を汲むよう求めた。一方、二階氏は自民党の国会議員約30人を引き連れ、東京都青梅市の農家で田植えをする「米作りプロジェクト」のパフォーマンスを繰り広げた。

二階氏と中家氏の関係の親密ぶりをアピールしたのが2017年10月8日の毎日新聞朝刊の広告企画の特集記事だ。政治評論家の森田実氏を加えた「これからの日本の農業」をテーマにした座談会を掲載した。

この中で二階氏はJA全中会長に中家氏が就任したことについて「神様が農業のことをしっかり見守ってくれている。そんな気持ちがしました」「農業をオール・ニッポンで支えます」と最大限のエールを送った。これに対し中家氏は、「JAグループは自己改革ということで農業者の所得向上、農村社会の活性化に全力で取り組んでいます」と主張した。

また、中家氏は2019年4月18日夜、安倍晋三首相と食事をしながら2時間にわたって会談した。仲介したのは二階氏である。安倍首相は3カ月後の参院選を念頭に農業票の回帰を狙い、政府の農業振興策を積極的に売り込んだ。

二階氏には「全国土地改良事業団体連合会」の会長という肩書もある。農業土木事業を取り仕切る重要な団体だ。オール・ニッポンの農業支援。その基盤を支えている。(H)

第7章　広がる日越交流の輪

菅義偉首相は就任後初の外遊先として親日国のベトナムを訪問した。２０２０年10月19日にチョン共産党書記長兼国家主席やフック首相と首脳会談を行い、両国がインド太平洋地域の平和と発展に貢献することなどで合意した。また、日本の支援で開校した日越大学で学生を前に政策スピーチを行い、人的交流の活発化などを呼びかけた。

その年の1月6日、ベトナム中部の都市ダナンに日本の領事事務所が開設された。ハノイの日本大使館、ホーチミンの総領事館に続く三つ目の在外公館だ。それを記念して11日から4日間の日程で日本から二階俊博自民党幹事長を団長とする日本ベトナム文化経済観光交流団がダナン市を訪問した。それは単なる在外公館の開設を祝うだけでなく、日本とベトナムの民間ベースの幅広い交流も行われた。

フック首相らベトナム政府要人とのイベント「交流の夕べ」をはじめ、観光交流シンポジウムや経済連携促進セミナーなどのほか、世界遺産のホイアンへのツアーもあった。１０６３人にのぼる交流団の中には和歌山から自治体や経済界の関係者ら２００人が参加した。和歌山放送は１月25日正午から1時間、特別番組「日本ベトナム文化経済観光交流団の旅～友好親善を目指して」を放送した。

◆ダナンで交流の夕べ

ナレーター　1月12日現地時間夜7時、ベトナム史上これまでにない規模の「日本ベトナム交流の夕べ」が発展著しいベトナム中部のダナン市にあるアリヤナ・コンベンションセンターで始まりました。

（日本国国家斉唱です。♪君が代～　ベトナム国家斉唱）

主役は日本から１０００人の観光団の団長として参加した二階俊博自民党幹事長と、招待状を送ったベトナムのフック首相です。司会者の参加者紹介で「交流の夕べ」が始まりました。

司会者　主催者並びにご来賓の方々をご紹介いたします。まずはベトナムの皆様からご紹介いたします。政治局員　ベトナム社会主義共和国首相グエン・スアン・フック様、政治局員ベトナム社会主義共和国副首相ブォン・ディン・フエ様、続いて日本の皆様をご紹介いたします。自由民主党幹事長・日越友好議員連盟会長 二階俊博様、元衆議院議員・日越友好議員連盟特別顧問 武部勤様、自由民主党国会対策委員長 森山裕様、自由民主党幹事長代行 稲田朋美様、自由民主党幹事長代理 林幹雄様、駐ベトナム社会主義共和国日本国特命全権大使 梅田邦夫様、「交流の夕べ」には日本国側から16人の国会議員や、北海道・山形・新潟・山梨・滋賀・奈良からの6人の知事、経済界からも田川博己日本旅行業協会会長、日本経済団体連合会の市川秀夫日本ベトナム経済委員会委員長、この他田端浩観光庁長官、ジェトロ・日本貿易振興機構の佐々木伸彦理事長らも参加し、ベトナム側もフック首相ら各界のトップら200人が参加しました。

ナレーター　ベトナム側を代表して挨拶に立ったフック首相は、これまでにない最大規模の旅行団を引き連れての来訪を熱烈に歓迎すると感謝の気持ちを示しました。

フック首相　自由民主党幹事長・日越友好議員連盟会長二階俊博様、親愛なる日本国とベトナムの皆さん、新春そして平和的に友好感が溢れるそうした中で、日出ずる国の新たな時代・平和の親善に、ベトナム国民の親しい友人である二階幹事長閣下、今般これまでにない最大規模の、国会議員から知事ら自治体関係者、経済界、一般市民から成るベトナム日本経済文化観光交流団ご一行と共に訪越され、我々とともに「ベトナム日本交流の夕べ」を共催したことを熱烈に歓迎申し上げます。両国の広範な戦略的パートナーシップが力強く包括的な発展の明白な表れとなっています。

司会者　続きまして自由民主党幹事長・日越友好議員連盟会長二階俊博様よりご挨拶を頂戴いたします

二階会長　ご臨席のベトナム側の皆さん、日本から一緒にお出でいただいた1000名を超える友好使節団の皆さん、ベトナムでご活躍の我が国の大使をはじめ、多くの皆さんがこの会の準備にお骨折りをいただき、こういう素晴らしい会を持つ事が出来ましたことを皆様とともに、心から感謝を申し上げたいと思います。ありがとうございました。日本とベトナムの国民の間には、長い友好の歴史があります。フック首相の郷里・ホイアンで16世紀に日本の商人たちが日本町をつくり、貿易を行ってきたという歴史があります。こうした歴史的な交流は、日越の両国の発展のための大きな基礎となっていることを、お互いに喜びあおうではありませんか。ありがたいことに近年私たち両国民の交流はますます盛んになっておりまして、昨年は140万人を超える交流が築かれているのであります。

◆大賀ハスで「ロータス外交」

ナレーター　2000年前の古代ハス「大賀ハス」を発見した大賀一郎博士の愛弟子の阪本祐二先生に日高高校で学んだ二階幹事長は、ハスを通じた平和外交を推進しようとハスのロータスとシルクロードにちなんだ「ロータスロード外交」を繰り広げアジア各国に働きかけてきました

二階会長　「大賀ハス」というのは、今から2000年も前に地中に埋もれていたハスの種を、研究者の手で発芽を成功させたところ、これがベトナムの国花であるということがわかり、日本

でもこのハスの花の研究がさらに盛んになって参ります。ハスは平和の象徴だということを言われておりますが、私たちは今日まで、各国との交流の中でハスの交流を行ってまいりましたが、ベトナムがハスの花を国花とされていることに大変深い親近感とまた信頼を寄せるものであります。

ナレーター 交流の夕べには和歌山県から21人の高校生も参加していました。二階幹事長は高校生に次代を担う若い君たちが日本とベトナムの友好親善の大きな懸け橋になってほしいと期待を示し励ましました。

二階会長 我々の一行の中に高校生の諸君が参加をしてくれております。この一人一人の皆さんが、これからおそらくベトナムと日本との友好親善の大きな懸け橋の役割を果たしてくれると思うわけでありますが、これからは次の時代を担う方々に対してしっかりとした協力を惜しんではならないと同時に、この皆さんもベトナムにおいてこういう幸運に恵まれたわけでありますから、大きな仕事を背負って日本とベトナムとの友好親善のために、そして自分達自身の未来を切り開き、大いに研鑽に励んで国民の期待に沿うような、大きな成果を収めて頂きたいと思います。それがやがては君たちの人生を左右することになるわけです。大いに期待をしています。

ナレーター 今回の訪問でフック首相の出身地クアンナム省の高校を訪問した和歌山県の高校生

を代表して、粉河高校2年生の今木寿英君が紀の川市の中村愼司市長と共にハスの植樹をしたことなどを踏まえ、１２００人を前に英語でお礼の言葉を述べました

このあと、舞台に五つの鉢が置かれ、二階幹事長やフック首相ら両国幹部が、ハスの記念植樹を行った。特別番組では詳しく触れていない「大賀ハス」について、説明しておきたい。

１９５１年、千葉市内の東京大学の運動場の遺跡で発掘された古代の丸木船の中から3粒のハスのタネが見つかった。発掘にあたった東京農工大の大賀一郎博士が２０００年前のタネからハスの実を開花させたことから、「大賀ハス」と呼ばれ各地で花を咲かせるようになった。

大賀博士の弟子だった阪本祐二氏は、和歌山県立日高高校で生物の教師をしていた。

二階氏は高校時代に阪本氏から大賀ハスの由来を聞いていた。二階氏は県会議員だった１９８１年に訪中した際に杭州の西湖に大賀ハスを植えたのをはじめ、他の国や地域でも同様の活動を行い、二階氏の大賀ハスを使った「ロータス外交」は東南アジアにも広がっている。特にベトナムでは、ハスは国の花でもあり、２０１９年6月、G20の首脳会議に出席のため来日したフック首相が二階氏の招きで和歌山県紀の川市を訪れ、平地緑地公園の池でピンクの花を咲かせた大賀ハスを見学した。この訪問では紀の川市の中村愼司市長が、フック首相の出身地クアンナム省との「友好協力関係の構築に関する覚書」を締結した。

「日本ベトナム交流の夕べ」で両国の高校生を励ますフック首相と二階氏（2020年１月ベトナム・ダナン市）

◆和歌山特産の梅酒で参加者が乾杯

ナレーター　続いて文化交流の一環として、ベトナムの学生に日本語の書籍が贈られることが発表されました。

司会者　ベトナム訪問を契機として、この度二階自由民主党幹事長からベトナム中部地域の学校に日本語の書籍が寄贈されることとなりました。今回の書籍の寄贈は、日本とベトナムの友好関係が次の世代にも引き継がれ、さらに発展することを願って行われるものです。寄贈先の学校は、今回和歌山県の高校生が交流を行っているクアンナム省のグエン・ビン・キエム専門高校、及びレ・タン・トン専門高校、そしてベトナム中部地方で日本語教育の振興に大変貢献されているダナン大学外国語大学、及びフエ大学外国語大学です。特にダナン大学外国語大学とフエ大学外国語大学には、「二階文庫」として今後も多くの日本語書籍が寄贈される予定です。

ナレーター　さらにダナン領事事務所が、今月６日に開設されたことを記念して、梅田邦夫駐ベトナム日本大使の乾杯の音頭に先駆け、乾杯酒に使われる田辺市の中田食品の梅酒が紹介されました。

司会者　皆様のお手元にお配りしている梅酒は、中田食品の「芳醇」紀州の梅酒です。原料には、和歌山県産の黄色く完熟した南高梅だけを選び、砂糖と一緒に蒸留酒に仕込みました。和歌山県産の南高梅は、熟すととても風味の良い果実になります。その香り豊かな風味が活かされています。それではダナン領事事務所開設を祝しまして、駐ベトナム日本大使 梅田邦夫様より乾杯のご発声を頂戴いたします。

梅田大使　僭越でございますが乾杯の音頭をとらせていただきます、梅田と申します。1月の6日に領事事務所は開所いたしましたが、本当にたくさんの方々から支援をいただきました。ご唱和お願いします、乾杯！

ナレーター　団員の一人として和歌山県から参加していた、中田食品の中田吉昭社長は感激した様子でした。

中田社長　二階先生が和歌山の地酒の中で梅酒を乾杯に使おうじゃないかっておっしゃってくださった。本当に光栄に存じております。こちらにも梅の文化があると聞いておりますけれども、和歌山ならではの紀州南高梅の完熟した梅を使った梅酒、それを味わっていただきたいということで準備いたしました。東南アジアで成長著しいこのベトナムは重要な市場になりますので、本当にありがたいことでございます。

◆二階流外交の成果は？

ナレーター　ところでこの「日越交流の夕べ」の直前に行われたフック首相と二階幹事長の会談では、ハスを通じた平和外交の推進や、次代の日越関係を担う若者の交流、日本とベトナムの間で問題となっている技能実習生の受け入れをめぐる悪徳業者の排除に両国政府が取り組むこと、桃や柿などの農水産物の輸出問題などが幅広く議論されました。会談の直後の随行記者との会見で、会談内容を説明する二階幹事長です。

二階幹事長　フック首相の郷里でありますクアンナム省にご招待いただき、会談を行って参りました。会談は日越双方の多くの関係者が参加し、大変友好的な雰囲気の中で行われました。冒頭、昨年6月に私の郷里である和歌山県で、平和の象徴とも言われるハスの交流が実現したことに、感謝の意を伝えました。今回日本の大賀ハスをフック首相の地元でありますクアンナム省に、寄贈することをお伝えいたしました。ハスの交流を通じて、改めて平和外交の重要性を、１０００人を超える日本からおいでいただきました同志の皆さんのご協力のおかげで、ベトナム政府要人との間で共有できたのではないかと思っております。

今年は（東京）オリンピックがあるので、特にフック首相が高い関心をお持ちになっております。サッカーについて、ぜひ観戦にお越し願いたいということで、ご招待申し上げましたら、大変嬉しそうにしておられました。また日本とベトナムのサッカー交流が推進できればとのお話しもいただきました。次にこれからの日越関係を担う若い世代の交流をしっかり行なっていくことの重要性について合意をしました。私から今後５年間で１５０名の学生を招待したいと申し上げました。これに対して日本に対するこの理解を深めていただくために、我々は本を寄贈することを提案しました。フック首相も大変このことを感謝されておられました。日越双方の国民が相手の国の果物を美味しく味わっていただくために、日本産の温州みかんについて良い結果が出るように協力を求めてきました。

フック　ベトナム首相と握手する二階氏
（2020年１月　ベトナム・ダナン市）

　技能実習生の問題でベトナムの若者の活躍を妨げるような存在に対しては、両国政府が協力して不正の行為を行うような人たちは、ベトナムと日本との友好に水を差すだけではなく、むしろ妨害をするわけでありますから、徹底的に両国政府の力でこれを排除しなければいけないということを申し上げました。ベトナムは我々日本と同じように自然災害の多い国であります。日本が今日まで苦労をして参りましたが、自然災害に対する知見・経験を持っております。これらについて積極的に協力したいということを申し出ました。

「国土強靭化」という言葉を、これから国際用語になるまで、各国への理解を高めて、あらゆる機会を捉えて自然災害に対応していこうということを呼びかけました。ベトナムの人達、韓国の人達、中国の人達、たまたま旅行で日本へ来て滞在していた時に災害が発生しないとは限らないわけです。直撃をされた場合には、これはもう逃げ場を失うわけです。そうしたことに対してこれから対応していこうということです。また日越大学について学部を開設するということについて確認されたことは、今日までの武部先生をはじめ関係者の皆さんが心血を注いでご努力をなさったことが、学部開設で明るさが見えてきたということで、私も喜んでおります。なお、フック首相より安倍総理によろしくお伝え願いたいと、大変親切、丁寧なご伝言がありましたので承って参りました。

ナレーター　ところで関西空港からチャーター便で参加した和歌山県からの200人の参加者は到着した翌日の朝7時半から朝食勉強会に参加しました。勉強会の講師はベトナム駐在の梅田大使と画家の絹谷幸二さん、前高知県知事の尾崎正直さんの3人です。最初に登壇したのは梅田大使です。

梅田大使　皆様おはようございます。ベトナムという国の特性を少し述べさせていただきます。人口は現在9620万人でございますが、毎年90万～100万人ぐらいのペースで人口が増えております。この10年間で1000万人増えています。ただ平均年齢が31歳。日本は46・3歳、47

歳に近い平均年齢でございます。日本の平均年齢が20歳前後であったのは１９７０年。今、ベトナムの街はどこへ行っても本当に成長のエネルギーで満ち満ちてます。うらやましい限りです。

ナレーター　朝食勉強会の最後に挨拶に立った二階幹事長は、外交はエリート外交官だけでなく、ひとりひとりの国民が相手の国を理解して交流を深めることからはじまると、民間外交への参加を訴えました。

二階氏　改めて、おはようございます。大変ご熱心にお勉強いただいている姿を見まして、本当にうれしく思います。皆さんが誰から言われたこともなく、誰から強制されたことでもなく、皆さんの自主参加によって、このような素晴らしい催し、これがまたベトナムと我々の国の間の交流にいろんな面で利益することが多いわけであります。今日はご活躍の大使もわざわざご臨席をいただき、先程ご講演をいただいたところでありますが、我々はこれからベトナムの応援団になって、日本からベトナムを支援するそういうチームになっていきたいと思っております。外交は外務大臣や一握りのそうしたエリートの人たちがやるだけでは満足な外交になるわけはない、私は一人一人の国民が相手の国を理解し、相手の国を尊敬し、そして交流をはかって、その国に対して我々日本人はまず何をなすことができるか、何か貢献することはできないだろうか、ということを考えながら交流を続けていく、お互いの発展になるわけであります。そこに日本に対する尊敬の念が生まれてくるわけであります。

このあと、「日越投資・人材活用促進セミナー」などが開かれ、続いて和歌山県から参加した一行は、27年前に海外進出の先駆けとしてすさみ町からベトナムに進出した鰹節工場「すさみ物産」を視察した。

ナレーター　一行に説明するすさみ町の岩田勉町長です。

岩田勉町長　27年前と言えば、日本と政治状況が違う中で城本博之会長も随分ご苦労されています。軌道に乗り掛かった頃に大きな台風が来て、施設が全部壊れてしまったというようなことを乗り越えて現在に至っています。今のこの工場は、昔ながらの日本の鰹節工場の原形となっています。手火山製法と言いまして、鰹を湯がいた上、1カ月ほどかけて丁寧に燻してつくっていくという製法です。それとベトナムの鰹は、冷凍ではなく生の鰹をすぐに鰹節にしていくという製法で、本当に新鮮な鰹で丁寧に作っております。

ナレーター　ここで会長にご挨拶をしていただこうと思います。

すさみ物産の城本博之会長　二階俊博先生が、ベトナム工場にお出でいただけるとは夢にも思っていませんでした。感謝の気持ちでいっぱいであります。何度申し上げてもいいくらい、ありがたく思っております。皆様方、ベトナム工場に視察にお出でいただき誠にありがとうございます。

ナレーター　(和歌山県)田辺商工会議所会頭で山長商店会長の榎本長治さんは、ダナンを中心とした中部ベトナムの発展に目を見張っています。

榎本長治会長　ホーチミンへは2、3度行ったことがあったのですが、ダナンは初めてでした。あちこちでビルの建設ラッシュが見られ非常に活気がある。成長率が7%を超えるということで、やっぱり今アジアで非常に伸びている国のひとつだということを肌で感じました。昨日の夕べ、ベトナムの首脳陣も全員出てきていただいて、日本の代議士さんが大勢いらしてる中で交流が行われたわけですけれど、舞台の上でベトナムの首相と二階幹事長が固い握手を交わされてる光景を見まして、友好の空気が本当に醸し出されていることを改めて皆が感じたと思います。

昨日、大賀ハスの五つ鉢があって、その周りを双方の5人の関係者が囲んで、大賀ハスをみんなで植栽したイベントは、本当に今回の交流を象徴しているような感じがしました。ハスがベトナムの国の花、国花であるということ、それが日本でも何千年も種として埋もれていたものから発芽した、その大賀ハスをベトナムで贈呈することは非常に国民感情にもぴったり来て、インパクトがあったのではないでしょうかね。

ナレーター　ワインの買い付けなどで世界を駆け巡り、和歌山放送の番組「うきうきワインの玉手箱」でパーソナリティを務める広瀬晋作社長も、ベトナムの目覚ましい発展に驚いています。

広瀬晋作社長　10年ぐらい前に（ダナンへ）一度来たんですけれども、その時とはもう全く変わっていますね。ワインについても、色々感じました。レストランに行ったら高級ワインがショーケースに並んでいるのです。それも赤ワイン、白ワイン、ニュージーランドのソーヴィニヨン・ブランがあるのにはちょっとびっくりしました。そういう面でも経済成長著しくなってきておりますね。これから先にさらに（経済成長を）続けていただき、大賀ハスによるこのロータスロード構想、「アジア全体を美しいハスの花で」という二階先生の考えをどんどん広げていただきたいと思います。

ナレーター　二階幹事長は今回のツアーについて１２０点満点の大成功だったと話しています。

二階幹事長　多くの皆さんのご参加をいただいて、大成功の中に今日こうして観光交流団の最後の夕べを迎えたわけですが、今回の成功は一人一人のご協力があって初めて出来ることです。うれしく思っております。そうですね、１００点、１２０点でしょうね。

コラム

鳥獣被害から日本の農業を守れ

２０２０年10月19日、石川県加賀市のショッピングモールにクマが逃げ込み、立て籠るという事件が発生。報道によると、クマは搬入口から店舗内に侵入したという。冬眠前に人間の残飯の味を覚えたことや里山の環境変化が原因のようだ。幸い怪我人はなかったが、加賀市だけでも連日クマ襲撃の被害が報告され、シカが線路に侵入して列車の往来に支障をきたす事態も発生している。

近年、生息数が急増したクマ、ニホンジカ、イノシシなどによる農作物被害対策に対処するため、２００７年に議員立法で「鳥獣被害対策特別措置法」が制定され、市町村への農水省の助成金交付や全国の猟友会による捕獲対策事業が実施された。

これは、全国の鳥獣被害に苦しむ農業従事者らの声を受けて、政治主導で政府・自治体が対応策を練り、現場で大日本猟友会が捕獲を行うという、三位一体の取り組みだ。

この「特措法」成立に力を尽くしたのが、自民党の鳥獣捕獲緊急対策議員連盟会長を務める二階俊博幹事長だ。また、法案作成は林幹雄幹事長代理が主導した。両氏はいち早く被害実態と対策の必要性に理解を示した。関係者にとっては、救世主のような存在だ。

鳥獣による被害が都市部にまで拡大し、農作物被害額が１５８億円（２０１８年度）に上る。

対策強化は急務である。政府は2023年度までにシカとイノシシの生息頭数半減の目標を設定したが、現状では達成が難しいようだ。

そうした中、2020年2月開催の自民党の鳥獣被害対策特別委員会と同議連の合同会議で、二階幹事長は「いまだ農業被害は一向に減っていない。2023年には被害が殆どなくなったと言えるよう、関係省庁と大日本猟友会は集中的な対策を至急検討せよ!」との強い調子で指示した。

これを受け、大日本猟友会の佐々木洋平会長はシカ・イノシシの新たな捕獲体制の構築策を提案し、自民党では鶴保庸介参議院議員の協力のもとで、6月の合同会議で農水、環境両省から対策強化の具体策が了承された。一方で駆除された鳥獣を、ジビエ料理として地域と連動して活用していく取り組みも進行中だ。企画・PRを担当するのは尾立源幸大日本猟友会顧問だ。美味しいジビエ料理の普及は、地方の新たな魅力を創出する可能性がある。

佐々木会長と二階幹事長

鳥獣被害の防止は、農業振興には不可欠の課題である。関係者の間から二階幹事長のリーダーシップに期待する声が高まっている。(O)

第8章　議員生活45年を振り返る

2020年（令和2年）2月5日、和歌山市のホテルアバローム紀の国で和歌山放送主催の情報懇談会が開かれた。懇談会は有識者を講師に招いて随時開いている講演会だ。この日は自民党幹事長在職最長記念講演として「二階俊博議員活動45年を振り返り、今後を語る」をテーマに、二階幹事長本人と二階氏に関する数多くの著作を残している作家の大下英治氏がそれぞれ講演、さらに和歌山放送の中村栄三社長を交えた鼎談が披露された。その音声記録を掲載する。

◆二階幹事長の講演「45年の議員活動を振りかえって」

大変お忙しい中、多くの皆さんがこうしてお集りを頂き、ご挨拶を申し上げる機会を与えて頂きまして、大変光栄に思っております。今日は地元ですから、私もざっくばらんなお話をと思っておったんですが、あっちに飛んだり、こっちに飛んだりして、終わりが結ばないようになってはいけませんので、ちょっとメモをして参っておりますので、それにしたがってお話をさせて頂きます。

45年の議員活動と言われますが、本当にその間、どれだけ多くの人にお世話になったか、どれだけ多くの人にお支えを頂いたか、本当に胸が熱くなるような思いです。皆のお力を頂き、ご支援を頂いたそのご恩を絶対にわすれてはいけない。私は東京で政治活動をしている間も、私の今日を支えてくれている地元の皆さんがおられる、この人達に恥をかかせてはいけない。私の言動、

和歌山放送情報懇談会で講演する二階幹事長（2020年２月和歌山市のホテル）

私の行動によって地元の皆さんが恥ずかしいなと思うようなことがあってはいけない、そこが私の政治の原点というか、一番大事にしているところであります。今日、こうして多くの同志の皆さん、いずれのお顔を拝見しても私がずっとお世話になってきた方ばかりでございます。

今日は地元に帰らせてもらったということの喜びと言いますか、本当に胸が熱くなるような思いがいたします。私は大学を卒業し、その翌日から静岡県の選出の先生でおられた遠藤三郎という建設大臣をおやりになった、大変政策に明るい有力な政治家の秘書としてスタートしたことが始まりです。遠藤先生はかつて私の父が和歌山の県会議員をさせて頂いておった頃に、和歌山県の中央からの役人で、地方へおいでになる、その一人として経済部長、そういうお立場で和歌山県においでになった。若い部長であったわけでありますが、私の父も当時は若い県会議員であって、たいへん息が合うと言いますか、仲良くしてもらって、そういうことから非常に深い親交を結びました。そこが出発点です。

そのご縁で、私は大学卒業後、先生の秘書として政治の勉強をさせて頂くという事でありましたが、約10年お世話になって参りました。この先生が非常に熱心にやってこられたことのひとつに、東名高速道路、東京から名古屋までの高速道路、これを議員立法でずっとおやりになった。私はそのことをやや隅の方でお手伝いをしながら、政治ってこんなことができるんだなと思いました。東京から名古屋まで今でこそ当たり前のようになっていますが、あそこまで高速道路を引っ張って来るということは並大抵のことではないですね。それをやっぱり知恵を出し、汗を流し、努力をすることによって成し遂げる。こういうことが政治として大事なことだと思いました。東名高速道路ができるなら、和歌山にも紀伊半島一周の道路ぐらい、これは努力次第によっては決して夢ではなかろうとこういうことを思って、そういう道に励みました。だから冷やかしにマスコミの政治部の記者が我々を道路族と書くのは何を言うかって言いたい気持ちはありますが、いちいち書いた記者のところに喧嘩を売りに行ったたって生産的じゃないよね。あっちで喧嘩したり、こっちで喧嘩をしたりしないといかん。だけどまあ、言いたい者には言わせておけと。

この和歌山のような、景色も良い、人情も豊か、色んなものがそろっとる。何が足りないかと言うと道路です、道路を通じて大都会へ色んなこっちの生産物を届けることができない。できないわけではないが、なかなか困難である。そこをどう開いていくかによって和歌山県はずっと生活レベルも高くなるし、また誰が見ても魅力がある、住んでみたいと思う和歌山にしたい。そういう気持ちを県民皆が持つようになるわけですから。私はこの道路を早く建設することが和歌山県の発展になるだろうと思いました。そして、県会議員選挙に立候補するときから「紀伊半島一周高速道路」を建設しようと訴えたわけです。県会議員でそんなことを言うから、何と大きいことを言うやつだという声が背後から聞こえてきました。しかし、そんなことを何も知らないものが、とやかく言うんじゃないよと私はお思いました。私は東京から名古屋まで東名高速道路の建設にずっと携わって来て、見てきているわけですよ。この人達がこれぐらいのことができるなら、紀伊半島にも高速道路ができるだろうということを思いつくのは当たり前でしょう。ですから私はこれをやりたいというのであって、とやかく言う人に対してはね、いちいち反論はしませんでしたが、心の中では「文句あるか」と思っていました。遅れている地域のために頑張ろうというのは当たり前のことなんですよ。こんなことしないのがおかしい。皆一生懸命やってもらいました。当時の同志と言いますか、一生懸命取り込んだ仲間の皆さんの情熱、皆の協力、今でも思い出しては頭が下がるような思いであります。今ようやくここまできて、今、紀伊半島一周高速道路と言ったって誰も笑う人はいなくなった。気がおかしくなったという人はいない。当たり前ですよ。だけど早くこれをやらないといけない。私は色んな課題を背負っているわけですが、このことを早く完成させるということが、言い出した私の責任だろうと思っております。今、和歌山県も、知事はじめ、いろんな皆さん、県議会の方々、国会議員の仲間、皆の協力を得てようやく軌道に乗って参りました。もうこのまま放っておいても日が経てばできることは間違いない。しかし、これを早くすることによって我々の子や孫、その次の代、これからは素晴らしい故郷を築くことができるわけですから、私はこの問題についてはしっかりと頑張っていかなくてはならないと思っております。

私は、皆さんと共に考えることは、和歌山というのは災害の大変多いところであって、台風常襲地帯であります。必ずやってきますね。ですから、他県の皆さんが台風とか水害っていうと右往左往するんですが、和歌山の人は皆が知っていて、逃げ方も知っているし、物の片付け方も知っている。これは幸いな事か、不幸な事か分かりませんが、我々は災害と共に生きてきたという感じがします。ですから、国土強靭化というこの言葉は、最初の頃から国土をしっかりしなければ上手くいかない。地域が良くならない。7・18水害というのを覚えておるでしょうが、この7・18水害、紀州の大水害、和歌山県がこれで潰れるのではないかというほどの大災害でありましたが、この災害から我々は立ち上がって、そこから和歌山の未来を開いていこうということで、皆が頑張ったという歴史があります。我々は、平成と言う時代を、最初から最後まで政治を担当しながら走らせていただきました。平成は戦争のない平和な時代でありましたが、一方では先ほどから申し上げているように自然災害との戦いというのが大きなテーマでありました。

平成の時代には、多くの出来事がありました。特に私は観光力強化と、防災減災国土強靭化ということをテーマにして、政治行動はこれに集中して対応してまいりました。平成２年でしたが、私は運輸政務次官を拝命しました。平成４年にその縁をもって全国旅行業協会、これは旅行の観光の、お手伝いをする小さい企業の皆さんが全国で５２００社集まっている大きな組織であります。こちらの会長にということを頼まれて、これを引き受けたことが、私が観光について力を入れていかないといけないと考えたきっかけでもあったわけであります。平成14年でしたが、当時の小泉総理の施政方針演説に、観光の振興に政府を挙げて取り組む、訪日外国人の倍増宣言、こういうことを総理の基本政策に入れることができたわけであります。観光の素晴らしさというものを改めて内外に評価を頂き、観光立国の実現を目指す観光立国推進基本法という法律を作って、これを中心に訪日の外国人旅行者の拡大を国の基本方針に位置付けをさせることができました。

平成20年に私は経済産業大臣を務めておりましたが、観光立国の推進に取り組むために念願の観光庁と言うものを設置しようということで、観光庁設置に成功することができたわけであります。観光産業は一見派手のように見えるのですが、そんな派手なものでも何でもありません。多くの方々が地道に一歩一歩もっと言えば少しずつ積み重ねてきた、そして今日の姿に辿りついたということであります。

最近は、どこの県の知事、特に和歌山の知事さんは大変ご熱心にこの観光問題に取り組んで頂いておりますが、各地域の市町村でも観光を語らない人はほとんどいません。それほど観光産業は地域の発展に大きな役割を成すものでありま す。どこの地域でも、考え方を変えれば直ちに取り組むことができる産業であり、元々その地域にそれなりの基礎的なものはあるわけですから、それを活用しながら対応をしていくんですから、ちょっとやる気を出せばできるわけです。今、その観光の裾野は日本全国に広がって行っています。観光振興に取り組んでいくことは地方を栄えさせる、地方を発展させることにも同じような意味合いを持つものであります。

また、観光は同時に平和産業であるということが、私はこれを本当に誇りに思っております。戦争しながら観光を語る者はいないでしょう。第一、観光においで下さいと言っっても戦争している国に観光しに行く人はいないですね。ですから、観光を盛んにしておけば戦争もなくて、平和な社会、平和な国ができることにもなるわ

二階氏（写真左）と作家・大下英治氏（写真中央）を迎えての講演会
写真右は中村社長

けですよ。一方、色んな準備をすることも大事なわけです。無防備でおっていいということを言ってるわけではない。しかし、お互いそういう平和ということに対して、皆がそのことの意味を十分把握して、平和な世の中を作っていこう、平和な国を造っていこう、そういう意気込みがある国は必ず平和を実現していくことができるわけです。政治の焦点もそうしたところへ当てていく必要があるわけであります。

２０１１年、日本は東日本大震災において大きな被害を受けました。あの時世界中から多くのご支援を受けました。復興への道を歩むにつけて、多くの皆さんの励ましや、具体的な援助も頂きました。今回、オリンピックを通じて、日本はおかげさまでこうなりましたよ、とその感謝を伝えるとともに、震災から復興を成し遂げる東北の姿を世界の皆さんに発信していくこともオリンピックの大きな意義であろうということを考えています。

東日本大震災を教訓に、日本がいかに災害に強い国づくりを進めているか、国土強靭化の思想を世界中に広めていく絶好の機会であると考えております。かつて自然災害は忘れたころにやってくる、こういわれてきたわけでありますが、近ごろは、自然災害は我々の想定を超える規模でほとんど忘れないうちに、次から次へとやってきます。災害が発生してから生命を守るのは遅いわけであります。備えあれば憂いなしと先人の言葉でありますが、私は真にその備えが必要であって、それも積極的な対応が必要だというふうに考えております。政治に先見性ということが言われます。これは政治を担当する者だけではなくて、国民の皆さんと一緒になって勇気をもって決断し、それを実行に移していく。そして、災害から1人の命も失わせない、この決意が私は大事なことではないかと思っております。

東日本大震災の前年の２０１０年4月、チリ沖の津波が日本を襲った際に、太平洋沿岸地域の１６８万人の住民に避難勧告が出されましたが、実際に避難したのは対象者のわずか3.8％。４％足らずの人しか逃げてくれない。逃げない。この事実を見て私はその年の6月に、津波災害の状況に対して法律を議員立法で提出しました。しかし、その当時はここが大事で覚えておいて下さいよ。民主党政権なんです。今改めてここで民主党の悪口を言おうとは思わないが、政治の選択を誤れば、人の命も失いかねないという重要なことに繋がるんだということだけは覚えておいて下さい。

そして、民主党政権の時に我々が津波に対してこうすれば良いといって法案を出したわけです。法律案をね。そしたら、1回も審議しないで無視してるわけです。私はその時、結構だと。この政権は終わりだということを私は思いました。終わりじゃなくてこういう政権は、乱暴なことは言う必要はないんですが、はっきり言えば、この政権は叩き潰さないと駄目だと思いましたよ。国民の生命や財産を守るために働くことを知らない。そんなことに思いが至らない、こういう政治は国の為にいつまでもやらせておくわけにはいかない。こう思いました。同時に我々、自民党としては、やはり政権を失う、国民の皆さんの信頼を得られない、そういう状況になった結果、国民の生命や財産も守れない、これでは本当に何のための政治か分からない。我々はまず自らを反省しよう。我々は何で政権をあの人たちに渡さないといけなかったということを思うと、自民党自らが厳しい反省の上に立って、我々は再びそういうことをして国民の皆さんに迷惑をかけることがあってはならない。政府の責任において対応をしようということで、私は自由民主党国土強靭化総合調査会というものを自民党の中に発足をさせて、強くしなやかな国づくりということで議論を始めました。

国土強靭化は多くの自然災害の犠牲になられた方々の辛い、厳しい体験を糧に成り立っておるのであります。これまでの経験を受け継いで我々はこの度、総事業費７兆円規模の３カ年緊急対策により、防災、減災など国土強靭化を進めています。３カ年緊急対策はこれまでの自然災害にあわれた皆様の思いが取りまとめられている。このように考えております。これはあくまでも緊急の課題に対しての対応で会って、これからは国土強靭化の取り組みを一層深めていくために３カ年の緊急対応策の後も、将来を見据えて自由民主党としては責任を持って国民の皆さんの生命、生活を守る為に頑張らなくてはならないと決意をしておるところであります。

本年のオリンピック、パラリンピックには世界中から競技者や関係者、更には多くの観戦者の皆さんも日本においでになります（注・五輪の延期が決定する前の講演録です）。日本を訪れる人たちの中に、和歌山県にもおいでになることも多くいらっしゃることでしょう。仮に大会期間中にいかなる自然災害が起こっても、訪日するオリンピックの関係者に1人の命も失わせない、これが国土強靭化の我々の究極の目的だということを申し上げておかなくてはなりません。そしてこの目標達成のために、大会までにソフト・ハードの両面においてしっかりとした準備を進めることであります。

会場には我々の仲間としてこの問題をずっと支えて頂いている林幹事長代理もおいでいただいておりますし、地元の新進気鋭の門代議士もおいでを頂いております。こうした皆さんに今お支え頂いて、いかにすればそういうことに対応できるか、今地道な取り組みをしておるところであります。こういうことができるのは、政党がいくつかあっても残念ながら自由民主党だけなんですよ。本当に国民の皆さんや県民の皆さん、生活に寄り添いながらこうした災害に対して絶対に犠牲者を出すようなことがあってはならないということを真剣に考えているのは、当然与党の責任であり、我々の義務であります。しっかりした対応をやっておりますから、皆さんもそれをお支え頂く、そしてご意見を寄せて頂いて、我々が頑張っている間に、皆で次の世代の為にそういう災害に遭遇させるようなことがないように対応していくことが大事であります。

皆さんもご承知でありますが、南海トラフ地震の予測では地震発生から2分後に串本町に18メートルの津波が襲来するということが言われております。4分後には新宮市に14メートル、15分後には御坊市に16メートル、和歌山市にも46分後に8メートルの津波が到来する。間違いなくこの想定でやってくるわけです。このことはほぼ予想がつくわけですから、これに対する対応策を我々は考えておかなければならんわけです。政治の先見性とかそんな難しいこと言わなくても、災害が来るのに決まっているのに対していかなる対応をしていくかというのは、我々の大きな責任であり、自由民主党に課せられた課題だと思います。これは野党の皆さんにも責任あるんじゃないかって、そんなぬるいこと言っていたってしょうがないですよね。あっちの人はあっちの人ですよ。これは頼っても仕方がない。我々がやらないといけない。だから皆さんが自民党を応援してくれているんですから、自民党はその期待に応えないといけないということを常々思っているわけであります。

この災害が県内にやって来た場合、約19万棟の家屋が全壊するであろうと言われています。約20万棟ですね。20万の家屋が全壊する。死者は8万人に達する。被害総額は10兆円近くにのぼる。こういうことが予測されているわけですから。これに対していかなる対応をしていくかということが、政治の大きな責任であります。私は、東京でも機会あるごとに同僚の議員に、そういう日に備えて今から対応しておかなきゃ遅いよと伝えているのですが、そうした機運を国全体で盛り上げていかなくてはいけない。ぼやっとしていたらこれは大変な事になるわけですから、そうした不幸に遭遇しないように、我々は考えていかなくてはなりません。

さて、高速道路の建設についてですが、この整備政策では和歌山県は正直に申し上げて全国最下位でした。その和歌山県に我々は国土強靭化というこのテーマを掲げて、自然災害に対応するためにどうすればいいか。そういう観点から高速道路はどうしておかないといけないかということも明確に分かるわけですから、このように対応をしっかりしないといけない。先の大戦から75年、4分の3世紀が過ぎ去りました。その節目になる時に、平和の祭典のオリンピックが日本で開かれるという、この令和という新しい時代に我々はしっかりとした希望を持つ、同時に成すべきことは何なのかということをお互いに問いかけながらこのしっかりとした地域社会を良くして、私達の子や孫の時代に安心して暮らせる世の中をつくっていくということが私は政治の最たる責任だというふうに思っております。

皆さんにご協力いただいてここまで色々なことが順調に歩んでおります。これからも皆さんのご協力の上に立って、日本の政治を良い方向へ進めていく、和歌山県の政治を、県民の皆様が納得いただくような方向に取り組んでいく。このことを皆さんの前にお誓いを申し上げまして今日ご出席いただいた皆様に幾重にも御礼を申し上げて、私のご講演を終わります。ありがとうございました。

◆大下英治氏の講演「政治家・二階俊博の凄み」

私は広島生まれで、1歳の時原爆にあいまして親父が死に私だけが生き残ったんですけど、広島を出てから広島に帰るより、和歌山に来た回数の方が増えておりまして、今や第一の故郷になってきました。二階先生の応援演説もやっておりまして和歌山に親しみを感じております。安倍一強と言われております。なぜ、安倍一強と言われているかということを考えますと、党の二階俊博幹事長と、官邸の菅官房長官、この2人の二強によって安倍一強と言われているわけです。1回目の安倍政権は1年で終わりました。あのまま安倍晋三という人が終わっていたら日本で最低の総理大臣でした。それが今や日本で最長の総理大臣です。

なぜかと言ったらさっき言いましたように、二階先生と菅さんの2人ががっちり支えている。実は上に立つ者は不安でしょうがないんです。こいつはいつか力をつけたら寝首かくんじゃないかって。でも二階先生はそういうことはまったくありませんから、支え続けていますから、こんな頼りがいのある人物はありません。

でも、この前の内閣改造の時に、一晩だけはちょっと安倍総理も幹事長を岸田さんに変えるかな、シミュレーションしたと思うんですね。ところがシミュレーションをした果てに、朝方になってやっぱり二階さんを外すと怖い。党がどうなるか分からん。そして明け方になって日が差したころやっぱり二階でいくと、すっきりして二階幹事長とお会いになったわけですけど。逆に言うと、二階幹事長が支えながらもそういう怖さがある。凄みと同時に、二階に任せておけばこの政権は持つということを考えたら、この長い政権ですけど、下手したらこの政権はモリカケでひっくり返って終わってもいい政権なんですよ。今も「桜を見る会」でがたがたしてますけど。この政権は実は支えるのがしっかりしていないとひっくり返ってます。良い例が第一次安倍政権です。

安倍さんが強いというのは、2期目になって6回選挙しているんですけど、6回とも勝っているんです。選挙を勝っているということは誰のおかげですか。選挙の担当者は幹事長でしょう。幹事長が強くないとこれだけ続かないんです。と同時に、一晩シミュレーションした時に安倍さんという人は強気ですから、もう一回、任期中にもう一回一勝負してやろうと思ったんです。そしたら一勝負できる時の幹事長、二階幹事長しかいません。その意味でまた次の戦いにむけて向かっているんですけど。それで、私は「大下さん、二階さんって、何であんな強いの？」ってよく聞かれるんです。そのことについて短く語りたいと思います。

何よりも二階さんには二つのＤＮＡがあります。一つはお父さん。このお父さんは県会議員もやってらしたけど、戦前は造船所の社長だった。経営者であったということ。二階さんを見て思うのは、官僚にはない経営する力、ビジネスマンの発想、アイディアがどんどこ沸いてくるんですよ。

例えば、中国の習近平共産党中央委員会総書記の所へ行くにしても、3000人引き連れて行くでしょ。さらに、「よし、じゃあ中国から500人の若者を日本に学びに引き取りましょう」。それで終わらない。おい、北海道知事、きみの所100人、奈良の知事、きみの所100人、こっちは100人、お前は100人、そして最後の100人はオレの和歌山で引き取る。全部数字で。この間ベトナムに行くにも、1000人連れていくでしょ。有無を言わさないんです。そういう時必ず数字抜きで言いません。そういうところの発想はね、父親の経営者のDNAがある。普通のぼんくらの政治家にはないところなんです。

もうひとつ、DNAがある。それはお母様のDNA。お母様はね、当時女性が、女医なんかいませんよ。その時代に「私はお医者さんになって人を助ける」って、今の東京女子医大、吉岡彌生（やよい）という女性がつくったんですよ。昨日、二階先生の右腕ともいうべき林幹雄先生から電話があって、「吉岡彌生さんの伝記が意外とないから大下さん書いてよ。そして二階先生のお母さんも出してね、NHKの大河ドラマを狙おうよ」なんて仰った。それ本気で考えますよと。もう少ししたらその本がまたできると思いますけど。人を助ける、黙って見ておられん、じっとしておれん、何かすることないか、なんか助けないといけない。父親と母親の両方のDNAが、優しさと厳しさと両方が二階先生にあるんですよ。そのDNAが今度は、私たちはね、伝記を書きながらいつも思うのはね、子供の時のことを書きながらね、楽しいことがあるんです。三つ子の魂百までじゃないけど、子供の頃の行動を見てたら、ああ、将来のあれだなと、この人の原型があるなと。

二階先生の日高高校の時代に、日高高校は野球強くもないんですよ。甲子園なんか縁がなかったの、50年間。そしたら50年目に間違えたというほど勝っちゃった。で、いよいよ甲子園いくことになっちゃって。初めてね。じゃあ、甲子園行く、やろうって、その時に二階先生の一声で動いたんですけど、考えてみたら応援団がないんですよ。それで結局、「二階。お前が言い出しっぺだから応援団長になれ」。そこから応援団長になったんですよ。そこからまたね、今の二階先生を思わせる、よし、応援団長になったのはいいけど、応援団も音楽がないと盛り上がらないじゃないか、ところが、音楽、ブラスバンド部なんか日高高校にないんですよ。しょうがねえやって言って、さっと考えた。御坊中学には、女子のブラスバンド部があったからね、御坊中学へ行って、「先生、日高高校のほとんどは御坊中学の生徒だから」って言って、そこでブラスバンドを借りた。それだけじゃなくて、女の子をチアガールに仕立てた。今でこそチアガールは派手に踊りますけど当時はないからね、しょうがない、ズボン履いてるんだけど、ズボンの上にスカート履いてやろうって言って。日本で初めてじゃないですか、チアガールっていうのを作った。

そして、それだけならいいんですけどね、いよいよ応援団やるってあれこれ分からんもんですから、先輩でよその大学でやってる人いるからその人呼んで、そして教わった。それだけならいいけど、今度は旅費をどうするか。政治ですよ、それは。旅費をどうするかって、旅費も父兄たちから寄付を上手く集めた。そしていよいよ甲子園に行った、なんとその試合が引き分けになっちゃったの。旅費も1日分しか用意してませんから。宿賃など用意していない。ありゃ、これはどうなったかいのって、そうなって皆帰ってくださいって、しかしその次の日が夕方の4時頃あるならいいけど、朝一番の試合ですよ。皆とにかく朝一番に来てくれと。来たのはいいけど、ブラスバンドの人が昨日の1試合目で帰っちゃって、翌日はいない。そしたら広島の広島商業が日高高校につづく2回戦目だった。二階は広島商業の所に行って「あんたたちの応援団貸してくれ」と言った。「その代りな、1回戦終わったら、2回戦今度は一緒に日高も応援するから」と。私のふるさとの広島の応援団というのは、広島カープもそうですけど、宮島さんのしゃもじを叩いてやるんですけど、それでもの凄く盛り上がって。1回戦は勝った。それほど強くはないので、結局2回戦で終わりましたけどね。

そういう二階先生の活躍を見ながら、三つ子の魂百までじゃないですけどね、いい意味で。そういうことも既に今の政治家の原型がありますよ。それからなんと政治にいよいよ出るということで、中央大学を出て、そしてこれも運命ですけど、遠藤三郎という人のところ行ったんですけど、二階先生1年だけ秘書を務めるつもりだったんですけど、遠藤先生が足を痛めちゃって歩くのが不自由になっちゃったんで、これはいけないということで結局11年いることになったんです。それで二階先生が1年生なのにもう福田赳夫にも名代として会いに行く。だから二階先生の政治歴というのは今考えたら膨大に長いものなんです。

それでもうひとつ運が良いことがあった。二階先生が、例えば大野伴睦だとかね、金丸信とか、ああいう党人派の太っ腹なタイプの人の秘書を長く続けていたら、それが10倍になってくるでしようけど、運の良いことに、遠藤三郎は東大法学部出身の官僚で、緻密なんです。うるさいほど緻密、厳しいんです。二階先生はその厳しさと詰めを教わっちゃったんです。二階先生は一見鷹揚に見えますが、実は遠藤三郎仕込の緻密さも心得ている。

二階先生11年経った時にいよいよ自分も選挙出たいと言ったら、遠藤先生のお兄さんから、「二階君、君は頑張ってくれたんだからね、うちの跡を継いでくれ。遠藤の地盤を受け継いで出てくれ」。その時、ああそうですかって言ったら政界へのデビューは早かったですよ。和歌山から出るよりは。ところが二階先生は、「いや、俺はやっぱり故郷で出馬します、故郷の人に応援して欲しい」ということでせっかくの誘いを断った。遠藤三郎さんの静岡県で出馬していれば、デビューは早かったかも分からんけど。でも故郷和歌山に帰って、そしてまた県会議員の8年間のことは省きますけど。そしていよいよ衆議院選挙に出ると。その時田中角栄さんが、「二階君、やれ」と。そして、その時の選挙区は、玉置和郎という曲者、大狸ですからね。「参議院の田中角栄」とまでいわれていた。それが、衆議院にくら替えして出る。これと新人が戦う。しかも実兄が御坊市の市長さんしてる。兄弟と戦うようなものです。勝てるわけないんだよ。それを潜り抜けて通ったんですから。最初の選挙から激しい戦いですからね。そういう戦いのスタートから12回、小選挙区で連続当選している。皆さん、派閥の長でもずっと小選挙区で勝った人残ってないんですよ。額賀福志郎さんも町村信孝さんも落選している。麻生太郎さんが総理として大負けして、民主党にやられちゃったじゃない。あの時派閥の長が、皆おっこっちゃったんですよ。

二階先生ともうひとり大島理森さんの２人が生き残った。二階先生が「今回大変だったよ」って大島さんのところ行った。「二階先生、何票差だったの」って、「うちは1万1千だよ」って言って、「大島さん何票」「俺１００票だったよ」。やっとそれで生き残る恐ろしい戦いなんだ。でもそういう戦いを一回も落ちてないって、やっぱりそれは凄いことなんです。それは田中角栄という人の教えなの。今ね、田中角栄に直接に教えを受けて出て生き残っているのは二階先生と小沢一郎さんだけ。石破茂さんもいるけど、あれは親父さんがたまたま田中派だったから、選挙に出たのは田中派じゃないですからね。やっぱり角さんに直接に学んだということはね、凄い栄誉ですよ。その角さんが二階先生にどういうことを教えたんですかって訊いたら、そうだな、まずなって、角さんがこういうんです。幹事長、選挙のことやってるとね、夜でも寝てでもね、心配でしょうがないの。北海道であいつは大丈夫かな、あいつはちょっと役職に恵まれていないから良いポストつけてやらんといかん。あいつは金がないから、もうちょっと金を突っ込んでやらんといかん、あいつの所には俺だけじゃなくて幹部も応援に送ろうとか、夜寝ててもずっと考えるんですよ。メモするものないからそこのちり紙にちょこちょこと書いておく。あと「とにかく議員立法やれ」と。今皆さん、道路が日本中にどんどんできてますね。あれは角さんが作れるようにしたからなんです。ガソリンに税金かけるとかね、あんな法律なんかなかったんですよ。アメリカにはあったけど、日本にはないの。みな角さんがやった。大蔵省は自分の省で権限を持ち続けていたいから反対したんだけど。角さんが33本も議員立法作っているんです。

二階先生が、震災後の11・5の議員立法の事も仰ったけどね。この議員立法作れと。これは「政治家の命」だと。そしてもうひとつ、角さんは言ったそうだ。「二階君な、50人の所で演説すると100人の所で演説する。それできる。だけどな、5000人の所で演説して、私語、囁きがひとりもない、そういう演説をするようにならんと駄目だと。それができるのは、俺と中曽根君ぐらいだな」と言ったそうですけどね。もうひとつ最後に言った。「いいか、夜に、お金を借りに来るんだよ。それも野党の男なんだよ。それでも、せっかく来た、真夜中に来るってよほどのことだろう。党の違う俺の所へ。寝間着着てたけど、ちゃんとネクタイ締めて、そして外に出てお金を渡し、頑張れよと応援してやるんだよ」。二階先生が、そうすることでどういう良いことがあるんですかと聞くわけですよ。「良いことって、まあ、五つ俺の悪口言っているが、二つぐらいに減るんじゃないか」。色々なことを教わってね、二階先生は戦っていくんですけど。

そしてもうひとつ、中曽根さんが二階先生のことを、「二階君というのは、竹下の気配りとミッチー、渡辺美智雄ね。ミッチーの突進力、突破力がある」。今の別の言い方をすると、「竹下登の気配りと金丸信の突破力」のことと一緒なんです。竹下さんっていう人はいい人なんです。気配りの名人。しかし、気配りの名人という人は大抵気配りばかりで案外弱いわけ。一方、突進する人は、食べ物なくて野に出てるイノシシみたいなものでね、突進はするんだけど、気配りが足りない。そのため根回しが出来ない。関西の言葉で「二つよいこと、さてないものよ」という言葉がありますけどね、大体二つ揃わないんですよ。その二つ揃ったのが田中角栄でした。その二つが割れて、竹下という気配りの部分と金丸に割れて、２人がセットになって田中角栄を破ったんです。そういう面でずっと私がたくさんの人を書いてきていますけど、竹下と金丸の両方の素質をひとりで持っているのは田中角栄以来、二階俊博です。これが今、安倍政権を支えているから強い。

もうひとつ、永田町で喧嘩ができるのは菅さんと二階さんの２人だけ。岸田さんなんか安倍さんからのおこぼればっかり待っているわけでしょ。石破さんは吠えるけど、永田町という家の外でばかり吠えているわけです。本当に戦えるのは２人しかいない。それは何かっていったら２人とも田中角栄の流れですよ。二階先生は生粋の田中、あの菅さんも田中角栄の流れをくむ竹下派の中で最も武闘派といわれた梶山静六の弟子ですからね。

でもね、喧嘩ができる人は誰が強いかを知っている。菅さんと二階さんとは喧嘩をしませんでしょ。その２人を官邸と党に据えてる安倍さんは、一見お坊ちゃん顔してるけど、これも大したものですよ。１回目の安倍政権ではそういう人事が全然できないで、第二次安倍政権ではやっぱり勉強したんです。

あえて私が凄みということを、今日タイトルに付け加えて下さいよというのはそのことなんです。それで、二階先生がずっと当選を続けて行って、そして例えば二階先生はいっぺん小沢さんたちと自民党の外に出て戻って来ましたけど、戻ってきた時にまずは小泉政権で何をしたか。小泉さんを完全に支えちゃった。言っちゃ悪いんですけど、二階幹事長の本音は郵政民営化にはあまり賛成じゃなかったですよ。郵政民営化賛成の人はほとんどいなかった。小泉マジックで、それがあったら全て何でもよくなる様にと、彼がやりすぎたけども。その時に彼を支えたのは二階先生です。党の総務局長でした。

小泉純一郎というのは、戦国大名、今、NHKの大河ドラマで明智光秀やってますけどね、戦国の話が大好きでね、クラシックのワーグナーなんかをかけながら、議員手帳をにらむように見るんですよ。誰をこのポストに持ってきたらどうするか。ああいうのが趣味なんですから。じっと見てね、「二階、こいつはやると言ったら、裏切らない。やるとなったら死に物狂いで支える」。そういうことに敏感なんです。あの人は、二階、そして、イエスマンの武部勤さん、タコ坊主みたいな政務の秘書の飯島勲さんの3人が選挙で組んで大勝ちしたじゃないですか。

今の安倍政権がなぜ長く一強としてもっているかと言うと、安倍さんに前に聞いたことがあるんですけど、「大下さん、実は、俺は総裁2回じゃなくてこれから3回目、2回で終わりたくなかったんだ。それを二階さんが3回にしてくれた」と。これは凄いことです。普通の人が安倍さんの任期を3回にしようって言ったら、何を総理に媚びてるんだと言われる。だからやらない。誰も乗ってこないですよ。二階さんは言っておいて、後は表にあんまり立たないで。それで結局、誰も反対できない。安倍さんから言うと、憲法改正やりたいがために出てきたのに、にっちもさっちも行かない、詰まっちゃう時だからですね、2期では出来ない3期だと出来る。それは有り難いですよ。安倍総理は私に言いました。「誰が言うか、それといつ言うかにすべてがかかっている。その意味で二階さんはタイミングを外さない。『タイミングの魔術師』です」。

二階さんが一番強調したのが、「浜口梧陵って和歌山の偉人がいるんだよと。これが全国区にならんとおかしい。日本の鑑だ」と。安政元年11月5日。安政南海地震が起こった。大津波がヤマサ醤油七代目の浜口梧陵の故郷の和歌山広村を襲った。その時、高台にある十もの稲の束稲むらに火を放った。暗闇を逃げまどう村人はその火を目がけて高台に登り、命が救われた。村人の9割がそのため命が助かった。36人の死者ですんだ。浜口はその後600メートルの防波堤を自らの金で造成した。私、『濱口梧陵伝』を書き始めた。

ところがね、津波の怖さを知らなかった。3・11の津波がない前、書いても書いても津波の恐ろしさが。リアリティを感じられない。そのため締め切り伸びてたんだけど、そしたら書いてる最中に、あの3・11、家までね、真っ黒い濁流にのみ込まれているのを見てね、これは恐ろしい、やっと筆が運んだんですよ。それでその時、二階俊博が普通の人と違うのは、田中角栄仕込の議員立法で「津波法案」を作った。これは野党の時代にやった話なんですよ。記念の日を作ろうと、当時、東日本大震災が起きた3・11って言ったんですよ。3・11の日で生々しいのに何言うてるかと。二階先生が、「我が故郷には浜口梧陵がおる。11・5にしよう。安政元年11月5日に地震と津波が起こったんですからね。11・5、それを通したでしょ。

日本で法律を通しただけじゃない。私、習近平に会いに行きました。二階幹事長と一緒に。3000人で。その時習近平の前で、二階さん、「習近平さん、11・5を世界津波防災の日にしましょう」と言った。なんとそれどころか全部幹部に、おい、インドに行け、どこどこの大使館行けって言って、瞬く間に11・5を国連で「世界津波の日」にしたんですよ。世界規模でこんなにスピーディにやる人はいない。と同時にもうひとつ、ちょっと前まで二階幹事長が3000人連れて中国に習近平に会いに行く前までは、ご存知のように安倍さん、習近平とサミットなんかで会っても、習近平と握手しても、こっちとあっち向いて握手してるんだからね、情けないね、国同士が。それが3000人連れて行ってからというもの習近平の態度がガラリと変わった。安倍総理と顔を見ながら握手するようになった。櫻井よし子さんが二階幹事長のことを「媚中派」だと。何を言ってるかって。理屈言う前に、人間同士がつながらんと駄目じゃないかと。その時に、皆さんね、意外と知らないことがあるんです。

二階幹事長が習近平に会いに行った時、普通だったら習近平さん、私たち行きますから日程を取ってくださいって言って、日程を取って行きますよね。二階幹事長は会談のOKを取ってないんですよ。OK取るということは頼むということでしょ。二階幹事長、冗談じゃなく取ってないんですよ。それで行って、二階幹事長、もし会えなかったらどうするか。相手が会わなかったら会わなかった時の挨拶文を書いていると。会えた時と会えない時の二つ書いてる。その日の昼に、唐家璇（元中国外交部部長）が食事会に出席された。唐家璇っていう人は病気してても二階先生が来られたらおちおち病院で眠っておれんって言って起きてくる人。唐家璇が昼に来て、「今夜習近平総書記が会うことになりました」と言ってOKです、こうして習主席と会うわけです。もっと言うと、一帯一路、今話題になってますね。一帯一路も日本政府は反対だった。経団連は日本だけじゃだめだからマーケットを広げたいから賛成だ。その時、実は中国は世耕弘成経産大臣に来てくださいって言った。そしたら安倍さんは、その時送らなかった。NOと言った。そしたら結果的に二階幹事長は、今、官邸では二階、菅ともうひとりいるんです。

政権を支えるのがね。今井尚哉首相秘書官が。この秘書官が力を持っているわけです。この人は政治家じゃないですよ。この人に二階幹事長が安倍親書を持たせて連れてったわけです。中国からは官邸も来てくれたと。そういう形でこれをやることによって一挙にまた、習近平との距離感が埋まるわけですけどね。それなのに、櫻井よし子さんは二階先生のことを「媚中派」といってね。イデオロギーのことばかり言っている。実は日本と貿易一番多いのは中国ですよ、アメリカ以上ですよ。しかも中国人は位や役職で繋がらない、ほとんど一対一、その人とその人。だから社長がOKでも、専務の所行っても社長から話が伝わっていると思ったら、駄目だから、専務は専務と話さないといけないんだから。それほど人間と人間が繋がるのが中国なんです。それを今やっているのは二階幹事長。だから、そういうことで今日本がもっているんです。

◆二階幹事長・大下氏・中村社長による鼎談「政治家・二階俊博を語る」（要旨）

中村氏　今、二階先生と大下先生の講演からは、同じような事を違った角度から語っているように聞こえましたが、この3人の鼎談も政治家二階俊博をいろんな方向から浮き彫りにしていこうというのが狙いです。二階さんの政治家のスタートは大学を卒業するとすぐ翌日から遠藤三郎さんの秘書になられているわけですが、この和歌山放送の情報懇談会は、政治家として活動した昭和50年の4月13日に行われた統一地方選挙、県議選御坊市選挙区で当選されたところをスタート点におきました。

この時の県議選は、先ほどから触れておりますけれども、大変な選挙で、定数が1なんですよね。自民党公認の現職に無所属の新人、二階俊博候補が挑戦して文字通り地元の御坊市を二分する大激戦となったわけです。その結果、投票率は実になんと91・6％。二階候補の得票が９３８６票、相手候補が９２７６票、その差僅か１１０票だったわけですね。これが二階さんの県議会2期8年、衆議院議員12期、つまり14戦全勝、負けなし、選挙に強い政治家二階俊博のスタートということになるんです。影の声としては、いやあ、中村君、高校時代の生徒会の選挙も含めるともっと勝ってるんだけどなっていう話も聞くんですけど（笑）。

二階幹事長・大下氏・中村社長による鼎談
「政治家・二階俊博を語る」
（２０２０年２月　和歌山市のホテル）

二階氏　今日、この会場の中に１１０票差の選挙で応援してくださった人が何人もお見えになってますよ。本当に選挙の1票、1票は大事です。１１０票差というのは半分駄目だったら駄目ですからね。60票行ったり来たりすれば１１０票は消えちゃうんですね。そんな選挙でしたよ。ですから私は選挙が嫌でした。しかし、厳しい戦を乗り越えて、政治の重要さ、その戦いの中に僕は、色んなことを皆から重要なことを教わったとそういう感じですね。ですから選挙は厳しい試練ではありましたけれども良い試練だったと思っています。

中村氏　選挙というのは有権者の声を聞いてそれに政治家として応えて訴えていくということですから。そこで色々学んで、その後の政治活動に繋げていくという意味では非常に良い経験になったと話されています。その後の二階先生の政治活動にも大きな影響を与えているんではないでしょうか。

二階氏　今は、党の全体の選挙を見ないといけない立場ですから。選挙というとその時のことを片時も忘れないですね。だから一人一人の支持者、有権者を大事にする、大事にしなきゃいけないということと、多くの支持者の皆さん、地域の皆さんの声を大事にしなきゃいけないということを思いました。私にとっては政治のスタートは厳しかったですけど、良い教訓になったと思ってます。

中村氏　大下先生の話にもありましたが、「凄み」、政治家としての「強さ」。大下先生、選挙に強いということは大切なことですね。

大下氏　一にも二にもね、例えば竹下登さんなんか選挙強いからいいけど、宮沢喜一さんも頭はいいけど、選挙弱いんですよ。だから選挙弱い人っていうのは国政に集中しておられんわけ。地元が心配で、心配で。だから身が入らない。そういう面で言うと選挙が強いということは本当に政治活動に集中できるからそれは大きい事。それともうひとつ、今の小選挙区の中で問題なのは、風が吹いたら勢いを増してくるでしょ、風が止まったら終わるでしょ。だからそういうのに慣れているから危険ですよね。二階先生を見ていると県議選初陣の１１０票差で、氷の上歩いていたようなもんだから、ちょっと油断すると命落す、そういうギリギリの怖さが分かる人でないと。

その点で自民党の方の人が強いというのは、自分でやるから。野党の人にちょっと言いたいことは、連合頼りだったり、ポスターも貼れない人がいたり、結局は弱いでしょ。そういうのは本気で死に物狂いでやらんと。

中村氏　二階さんが国会対策委員長をされていた頃だったでしょうか。国会対策で色々大変なんだけども、中村君、やはり県議会議員で２期８年やった時に会派の調整だとか色々なことをやって、その時の経験が凄くいきているんだよと、参考になっているんだとそういうふうに二階さん仰ってくれましたよね。

二階氏　全くその通りでね。私は県会議員２期８年やらせて頂きましたけど、その時の経験が東京に行ってからも大いに役に立つというか、参考になりましたね。それと単純なことをいうようですけど、人を裏切らないとか、約束を守るとか。人間どこの生活、どなたでも生活していく上において大事なこと、政治の一番大事なところは人を裏切らない、あの人に任せれば大丈夫だとか。彼の言う事だからそう信じようとかって、それが大事なんですよね。今も改めて大事だと、大切にしたいと思っております。

大下氏　国対委員長、幹事長のできる人っていうのは似てます。例えば、小泉純一郎さんなんかは国対には向いてないよね。と同時にあんまり官僚の人は向いていないんです。どっちかっていうと、相手にどんどん攻め込ませて十二分に満足させて聞いておいて、勝負の時には勝負する。日頃しっかり聞いてあげている柔軟さがあるから、勝負できるんですよ。それを変に突っ張ったりする人は駄目でね。一番、長く国対ができる人、あるいは幹事長が長くできる人、こういうタイプが大体、そういう懐の深い。それでいて緩かったら駄目だから最後をピシッとやると。そういう面で言うとある意味で竹下さん譲りの話は聞くよと、最後はね、ピシッと攻めるところは攻めるよということですから。そういう面で言うと、私は幹事長、国対委員長、二階先生が向いているのはそういう性格ですから。

もうひとつ言うと、田中角栄という人が、一番政治家で一番妙味があるのが幹事長だと。総理より一番やりがいがあっておもしろいと。そういう面で言うと二階先生は国対と幹事長をやっているというのは一番それが向いていると同時にそれがあるからできた職業だと、ポストだと思いますね。

中村氏　和歌山県的に言えば、陸海空の交通体系の整備。国土軸から離れた紀伊半島にある和歌山県としてどうしても克服しないといけない話で、そこは陸海空の交通体系の整備だと。だから高速道路を繋げよう、関西空港を作ろう、白浜空港を整備しよう、色々な話に繋がっていくわけですが。もうひとつ最近の動きとして、二階さんの活躍の柱になっているのが、大下先生の話でもありましたが、習近平さんとかとの議員外交ですね。作家の石川好さんが「全身政治家　二階俊博」という本を書かれているんですけど、そこにこんな表現をされているんですね。「二階俊博の政治的課題は、故郷和歌山の運命ともいえるふたつの人的な機縁が生み出したものだ。ひとつは道路族への道である」。この表現は先ほど先生が言われたので恐縮なのですが。「これは浜口梧陵、遠藤三郎、田中角栄を経て、日本の国土強靭化と国連が制定した『世界津波の日』に至る道である。道路族二階俊博は、日本だけでなく世界のインフラ整備に対しても先導的役割を果たしていたのである。もうひとつは、故郷和歌山が生んだ陸奥宗光、岡崎久彦を通して二階が実行している外交政治であると」。石川先生はこういう視点で和歌山の人的なつながりの中で捉えているんですが、いずれにしてもインフラ整備と外交というのが、政治家二階俊博を語る二本柱ですよね。

大下氏　私は長年見ていて、二階先生のことを「人間リトマス試験紙」と呼んでるんですよ。二階先生と会って変な色が出た人は、よほどその人に悪いところがある。二階先生は、韓国でも、中国でもそうですけど、失脚した人がいます。普通だったら外交の時失脚したら知らん顔するんですよ、それが全部違うんです。インドで野党の時にやった人モディーさん、その派は今、与党になってますからね。政界っていうのは今日の敵は明日の味方、今日の味方は明日の敵かもしれないんです。そういう状況の中で幅広く色んな人間関係を持っているということが、どんどん県から国へ、国からアジアへと物凄く広がるんですよ。相手は分かるんですよ。人間のぬくもりが口先だけかどうかっていうのは。そういう面で言うと、この間もロシア行かれても相手がなんか気に入っちゃってね。やっぱり人間は肌で分かるので、言葉で誤魔化しても駄目なんですよ。目の動き、色んなことを見ててもそれで信用させることが一番ですから。ということは信じることが大切で。そういう面で言うと、二階先生はそういうタイプです。

中村氏　私も二階先生から色んな言葉を教えてもらっているんです。二階名言集とか二階語録とかをいくつか書いてきたんですけど、「去る者は追わず、来る者は拒まず」、これは二階先生のいつも仰る言葉のひとつなんですよね。

二階氏　去る人がいたら追っかけてもしょうがないし。しかし、一緒にやろうと言って来る人がおればね、少々その人の寸法が短かろうが、背が高すぎようが、顔がどうであろうがね、これはやっぱり一緒にやっていこうとなる。人間、皆揃った人なんかいませんよ。お互いの良い所を評価し合いながら進めていけばいいんじゃないかと思っています。

中村氏　二階先生のような立場になると、官僚を使う、人を使う立場になるので、その時に教えて頂いたことがあります。普通何かをやってくださいと言うと、できない理由を挙げて断る人がほとんどだと。そうじゃなくてそれを行うためには何をしたらいいか提案せよと私は言うと。その時に、相手が役人だったら、予算が問題なのか、人材が問題なのか、法律なんかの規制を緩和することが問題なのか。何かをとにかく明らかにせよと。目的をはっきり言うてるんだからそれを行うための方法を言えと。

二階氏　日本の官僚、役人、優秀ですよ。そりゃあ、優秀じゃなかったらあそこに入れませんよね。最初の関門通れませんよね。通ってからは本人の努力、与えられる環境にも左右されるけど、努力は必要ですね。それと同時に政策をやってくれる間には、なんとなく心の温かい人間味、これを官僚というか、仲間に求めたい。私のパートナーということになればね、そういう人であってほしいとこういうふうに思います。

中村氏　二階先生のような立場になると、日本全国で色んな集会を行ったりすることになるんですけど、日本全国どこに行っても二階先生は動員力があるんですよね。その秘密がどこにあるのか。私が言った気配りとアイディア、ここで形成されてきているのではないかと思うんですけども、いかがでしょう。

二階氏　大事なことは嘘をつかないということですよ。言ったことは必ずやるって。政治で約束したこと何でもやれって。

大下氏　経産大臣3期やられているんですけど、例えば大臣の時のエピソード、おい、中小企業一生懸命頑張っているんだから漫然とやらないで、中小企業３００社というのを選んで表彰する。皆、商店街が寂れてるっていうけど、良い商店街はたくさんあるんだから、商店街80社とかパッと作って表彰してやりますよね。と同時にもうひとつね、二階先生も野党になったんですよ。野党になった時に、私が二階先生と会いましょうってなった時に、普通だったら民主党政権になったから気兼ねして役人の幹部が来ないいんですよ。二階先生は、野党になった時だっていつだって、事務次官クラスの偉いのが皆来る。そういうことが、バロメーターですよ。野党になったら知らん顔するからね、普通。だけどそこらは理屈抜きで二階先生は温かいんだな。

中村氏　私自身もぐっと迫られたのがこの言葉です。「馬を水飲み場まで連れて行くことはできるけど、水を飲むのは馬自身」だと。水を飲む意欲のない馬に水を飲ませることはできないと。つまり、チャンスを与えることはできるけど、活かすかどうかは本人次第だと。これもなかなか重い言葉として受け止めたのですが。

二階氏　それは先人の言ったことだけど、本人にやる気がなかったらどうしようもないですよね。

皆も経験あると思うけど、やる気のない人にやれやれと言っても本人は有難迷惑で苦痛なんですよね。そんな言われるのは。だから本人がやる気があってね。野球のノックなんか見ててもそうでしょ。やる気のある奴、声かけてさあ、こいっていう奴の所へ球を打つ方は気持ちが良いんですよ。目はこっち向いてるけど心はどっち向いてるか分からんような所、これは伸びないですよね。その選手としてもね。ですから、我々政界にもありますよ。役職ばかり欲しがるばかりで与えてやってもロクなこともできないのとね。役職ばかり欲しい人ね、おるんです。そんなのね、役職みたいなのいくらでもあるんです。自民党に来れば色々ね。私の場合でしたら、幹事長として新しい役職作ってやったっていいんだよ。長になりたい人は長、局長になりたい人は局長、長官って言っている人には長官、何でもつけてあげればいいんだけどね。それが寸法に合わないような服を着た時に引きずったりするでしょう。ああならないようにしないといけないんだ、どこから見てもあの人、なかなかスマートだな、上手く着こなしているなっていうことが大事じゃないかと思うんです。しかし、政治が面白いのは、皆の協力なんですよ。皆、力貸し合ってくれたらいい仕事ができるんです。足引っ張り合いしたらロクなことにはならない。そういう意味では、いかに協力を得られるかということがポイントですよね。

中村氏　二階先生のようになると、毎日、毎日大変大勢のお客さんが訪ねてくる。その時に、こんこんとドアをノックして入って来て、時候の挨拶をしてソファに座って向き合うという、これがそういうパターンで行われるんですけど、中村君、最初にノックをしてからソファに座るまでにその人が何の用件で自分に会いに来たのか見抜く力がないと駄目だよと。こういう教えがあって。これがまた凄いことを言う人だなと思ったんです。そこをちょっと先生、解説して頂けますでしょうか。

二階氏　本人に長々しゃべらせて、こうしてくれ、ああしてくれって……。最後にで「きません」と言ったんじゃあ、その人は二度と来ないよね。見限っちゃうよね。政治はやっぱり出会いがしらの瞬時に、相手が何をしに来たか、何を求めに来ているのか、分からないと駄目ですよね。医者もそうでしょ。脈をとったりしながら相手の様子、心、心情、精神状態を見てるわけですよ。あれと一緒です。我々もお客がお見えになったら、何で来たかっていうことをその時の様子で分かるんですよ。そして、できれば満足して帰ってもらいたいので一生懸命応対するわけです。

大下氏　二階先生の鋭さはね、ある料亭で二階先生と飲んでいたんです。そしたら、隣の部屋に中川秀直さんがあるお客さんを待たせて入ってきたんですよ。その時に聞こえてきた中川さんの口ぶりで、中川さんが今日はその人に頼みごとをするために呼んだのか、中川さんが頼みごとをされているのか、「やあ」という声ひとつで二階さんがパパッと判断したからね。それはね、やっぱり分かるんですよ。隣の部屋にいたのに掛け声で、やあっていう、戸を開ける瞬間の母音ひとつで二階先生にはその男が何をしに来たか分かるんですからね。

中村氏　最後に二階俊博の従軍記者を自称されている大下先生にお聞きしたいんですけれども。大下さんは二階さんのことを、最後の党人政治家と表現されています。今、二階先生の講演、大下先生の講演、今の鼎談含めてですね、政治家二階俊博像が分かって頂けたと思うんですけど、今日のテーマですね。45年の議員活動を振り返る、今後を語るとなってます。現在と今後を語る上で、この党人政治家二階俊博が、今後活躍する舞台、ここについてお話しして頂けますでしょうか。

大下氏　きわどいところが多いんですけど。今二階先生は、安倍総理を3選どころか4選といっております。これは例えば4選にならなくとも4選と言っておく方が良いんです。次をやらないとなると死に体になって滅びますから。そして4選できるなら4選。幹事長というのは、戦う気が本人にあるなら戦わせようと。二階先生は仰ったの、総理が決断した時に自民は、十二分に幹事長として用意はできている、いつでもOKと。戦いの用意はできているということです。あとはどう安倍さんがやっていくか。後は生臭くなっていきますけど。私は生臭い話が本当は一番好きなんですけど、今日は先生がいらっしゃるから……。先生がいらっしゃらなかったらいくらでも話すんですけど。私、この間古賀さんにあったんです。2カ月前にね。古賀さんは宏池会です。宏池会は岸田さんのボスです。宏池会は長い間総理になっていないんです。だけど宏池会っていうのは、大平正芳さん、これは田中角栄さんに支えられて総理になった。鈴木善幸さんも、誰もなるとは思わなかった。角さんがやれといったから総理になっちゃった。それから後はまた飛んで宮沢喜一さん、これも竹下派が作ったんですよ。だから自分達で戦ったことない。ただ一人、加藤紘一という政局好きの政局音痴という男が竹下派の野中広務さんと「魂を交よい合わせる仲」といわれながら、野中さんに逆らって勝負に出てこけちゃった。ずっと宏池会の総理はいないんです。谷垣禎一さんも自転車でこけちゃって、これ物理的にこけちゃったの。そしてやっと宏池会からは岸田文雄さんだった。やっと来ましたねって言ったら、生臭い話ですけど、「大下さん、俺は岸田にやらせないよ」って言ったんです。何でって言ったら、岸田が今の時期、やらせるのはかわいそうだぞと言った。長期政権の後の歴史を見てごらんと。中曽根政権の後はガタガタになって宮沢総理の時、野党になったでしょ。次の長期政権の小泉政権の後は、安倍、福田、麻生、1年おきの回転ずしの総理になっちゃったでしょ。それでまた野党に転落してしまった。安倍さんはもっと長いんだよ。この後皆さん、もつと思うの、簡単に。いっちゃ悪いけど岸田のお坊ちゃんではもたんよって。じゃあ、誰ですか。そりゃ菅しかいないよって言ったんですよ。と同時に、最近皆、2代目、3代目だけど、やっとそうじゃないのが現れたから、俺は菅さんを押すぞと言ったわけ。そうですか、書いていいのかって言ったら、書いていいと。ところが私は菅さんを買っているんですよ。菅さんが総理になるためには二階幹事長と組まないとなれないんです。

私は組んでいいんじゃないかと思ってた。個人的には。勝手に言わせてもらうと。ところがかわいそうに、桜のことでも処理でね、自分の事じゃないのに。しかしまあ、河井克幸大臣と２人自分が出した大臣が躓いて、傾き始めた。それだけじゃないけど、今度は古賀さんが１週間前か、やっぱり岸田でいこうと言い出したから政治はややこしいんですよ。ただし、古賀さんが言ったことも怖いことを予言しているんですよ。私は菅さんの底力からして菅さんがポスト安倍の本命に浮上してくると見ています。二階幹事長と菅さんが組むと力強いと見ています。

中村氏　最後に、二階幹事長の方から今のお話も含めてお話があれば。

二階氏　今のお話は聞こえなかったことにします。（笑）

あとがき

二階幹事長の幹事長在職日数が最長記録を塗り替えた2020年9月8日の和歌山放送の特別番組で、仁坂吉伸和歌山県知事は「二階先生は、和歌山県の政治家の中で有史以来一番力のある人だ。特に、和歌山県の課題解決のために最も力を入れてくれている。その手法も、防災やインフラ整備等で和歌山県だけをえこひいきするのではなく、国の政策として位置づけ実現してくれている」と絶賛しました。

二階氏は故郷の和歌山の課題解決に正面から向き合い、地方の声を国の政策に反映させてきました。それは二階氏が「故郷と共に」を政治信条としながら政治力を発揮されてきたからだと考えます。

和歌山放送の「国会議員レポート」の番組収録に際しては、土曜日の午後に帰省するとすぐにスタジオに駆けつけてくれ、「地元の人たちに国政報告するのは政治家の義務だ」と真剣に取り組んでいただきました。「みかん農家の人たちが農作業をしながら、木にかけた携帯ラジオで二階さんの話を聞くのは楽しみだと言われたのが嬉しかった」と語っていたのが印象に残っています。

二階氏が国政に進出した1983年の衆議院総選挙は、30歳代前半の放送記者だった私にとっても大きな試練の場となりました。というのも、公職選挙法が改正されこの選挙から立ち会い演説会が無くなったのです。そこで、「地元メディアの責任として、各候補者が政見・政策を討論する生番組を作って選挙期間中に放送すべきだ」と知人から提案を受けて、あちこち駆けずりまわり立候補者が全員参加した「激論120分・立候補者討論会」を放送しました。番組を企画し、司会を勤めましたが、二階氏はロッキード事件で田中角栄元首相に有罪判決が出た直後のこの選挙で「故郷の振興のために尽くした田中角栄氏を尊敬し、政治の師として仰いでいる」と語っていました。

2008年6月には、本州最南端の和歌山県・串本町にトルコのギュル大統領が訪れ、118年前に台風に遭って串本沖で遭難・沈没したトルコの軍艦エルトゥールル号の犠牲者587人を追悼する式典が開かれました。この時、日本トルコ友好議員連盟の副会長だった二階氏は、大統領のチャーター機に同乗して白浜空港に降り立ち、追悼式典に参加しました。

翌日には1カ月前の大地震で7万人近い死者を出した中国四川省に特別機で向い、和歌山県などの企業が寄付した救援物資を送り届け、その日の夜に帰国するという日帰り弾丸ツアーを敢行しました。私は取材で二階氏に同行し、週末の2日間で、東京～串本と東京～中国成都を往復するという行動力に驚かされました。

トルコの軍艦エルトゥールル号の悲劇と地元町民の献身的な救援活動にスポットをあてたのは、日本とトルコの友好促進だけでなく、地元の人たちに郷土への誇りを高めようという狙いがありました。一方、中国四川省への弾丸ツアーは、「防災・減災」をライフワークとする二階氏の実践活動でもあったわけです。

防災・観光・平和外交を一体として進めるこの考えは、本書でも紹介したように、和歌山発の政策を国内はもとより国際社会にまで発信していくという「二階プロジェクト」です。

二階氏が訴えてきた紀伊半島一周高速道路は、まだ完成はしていないものの、国の整備計画に位置づけられ実現の見通しがつきました。県内からも一時「無駄な道路」との声があった高速道路建設を巡っても、今や災害に備えた「命の道」へと評価が大きく変わりました。

本書は、時代が大きく動く中、地方メディアが45年にわたって見続けてきた地元出身の実力政治家の素顔の一つとして見ていただければ幸いです。

長きにわたってこうした政治番組が地方で続けてこられたのは、二階氏をはじめ和歌山県の政治家の皆さんの協力があったこと、そして番組を支えて頂いた番組スポンサーに恵まれたこと、そしてリスナーである県民の皆様に支えられたことと感謝しています。

本書の内容・構成から取材・執筆・出版に至るまで半年余りにわたって取り組んでくれた和歌山放送の石原進顧問、柘植義信報道制作局長、堤圭一報道制作部副部長、寺門秀介アナウンサー、覚道沙恵子アナウンサー、上田修司紀南支社長、松原燈田辺支局員、新宮支局の柿白享子らのスタッフ、社外の加藤亮一、星森友貴、齋藤新一の各氏、それに創藝社の吉木稔朗社長らスタッフの皆さまに厚くお礼申し上げます。

２０２０年12月
株式会社和歌山放送　代表取締役社長　中村栄三

二階氏出演の番組一覧

和歌山放送は、二階俊博氏の県会議員時代からの政治活動を放送してきた。現在も続く「新春国会議員座談会」などのほか、二階氏の活動に焦点を当てた特別番組も数多く放送した。以下はその番組一覧である。

1999年10月16日【二階俊博親運輸大臣・北海道開発庁長官と和歌山県】
2001年1月2日【和歌山新時代～二階俊博運輸大臣・北海道開発庁長官、新春に語る】
2001年4月29日【和歌山県・韓国交流の架け橋～日韓文化観光交流から～】
2005年11月20日【二階俊博経済産業大臣誕生と和歌山県】
2006年1月29日【第66回和歌山放送情報懇談会新春シンポジウム】
2007年4月29日【関西国際空港第2滑走路オープン記念シンポジウム】
2007年10月21日【紀伊半島を世界に繋ぐ道】
2008年3月9日【夢実現!!紀伊半島一周高速道路時代到来】
2010年11月21日【沙也可　日韓国際シンポジウム】
2015年3月1日【日韓国交正常化50周年と和歌山～日韓観光交流拡大会議と沙也可の里を訪ねる旅】
2015年6月21日【日中観光文化交流の旅】
2015年12月13日【日本インドネシア文化経済観光交流の旅】
2016年2月26日【「世界津波の火」制定記念イベント】

2016年4月23日【稲むらの火、世界へ。ニューヨーク・国連本部】

2017年7月2日【日韓健康経済交流団の旅～友好親善を目指して】

2017年12月9日【日本の農業の明日を語る】

2020年1月25日【日本ベトナム文化経済観光交流団の旅～友好親善を目指して】

2020年9月8日【故郷と共に～政治家・二階俊博】

《参考文献》

国会議員レポート・黒潮に叫ぶ▽明日への挑戦▽続明日への挑戦（いずれも著者・二階俊博、紀州新聞社）▽阪神大震災の現場から・日本の危機管理を問う（二階俊博、プレジデント社）▽ LOTUS ROAD 草の根の観光交流（二階俊博、日本観光戦略研究所）▽観光立国宣言二階俊博対談集（二階俊博編著、丸ノ内出版）▽全旅協 50 年史（全国旅行業協会）

一歩高く一歩退く・人間　二階俊博▽躍動の日本経済へ　二階俊博の挑戦▽日はまた昇る二階俊博の道▽日本を強くしなやかに　二階俊博の執念▽大賀蓮　世界に花開く▽躍動の日本経済へ二階俊博の挑戦▽二階俊博の政界秘録第一巻田中角栄との邂逅▽同第２巻金丸、竹下と田中角栄の激闘▽同第３巻二階俊博と小泉郵政改革▽同４巻二階の活躍！小泉・安倍政権▽第５巻菅義偉政権誕生の裏舞台！錚々たる二階軍団（いずれも著者・大下英治、紀州新聞社刊）▽内閣官房長官（大下英治、MdN 新書）

二階俊博幹事長論▽志帥会の挑戦（いずれも著者・森田実、論創社）▽森田実の永田町政治に喝！（森田実、財界さっぽろ）▽天才（石原慎太郎、幻冬舎）▽田中角栄　戦後日本の悲しき自画像（早野透、岩波新書）▽田中角栄と安倍晋三（保阪正康、朝日新書）▽自公政権とは何か「連立」に見る強さの正体（中北浩爾、ちくま新書）▽公共事業が日本を救う（藤井聡、文春新書）▽メディアと自民党（西田亮介、角川新書）

西暦	年号	月日	年譜	政権
一九三九	昭和一四	二月一七日	和歌山県御坊市新町に誕生（父・俊太郎は和歌山県議会議員、母・菊枝は医師古久保良輔の娘、女性医師）	
一九四七	昭和二二	四月	田中角栄氏（二九歳） 第二三回総選挙、新潟三区より民主党公認で出馬し当選	
一九五一	昭和二六	三月	御坊市立御坊小学校卒業（稲原小学校入学、終戦後に御坊小学校へ転入）	
		四月	御坊市立御坊中学校入学	
一九五三	昭和二八	七月一八日	紀州大水害 豪雨被害は和歌山県内全域に及び、死者・行方不明者一〇一五人、家屋の全壊三二〇九棟、家屋の流失三九八六棟、被災者二六万二〇〇〇人、和歌山県政上最悪の気象災害	
一九五四	昭和二九	三月	御坊市立御坊中学校卒業	
		四月	和歌山県立日高高等学校入学	
一九五五	昭和三〇	一一月	自由民主党結成	
一九五六	昭和三一	四月	母校・日高高校が春のセンバツ初出場、二階氏は応援団長として奮闘	
一九五七	昭和三二	三月	和歌山県立日高高等学校卒業	
		四月	田中角栄氏（三九歳） 第一次岸内閣で郵政大臣に就任（戦後初三十代の国務大臣）	
一九六一	昭和三六	三月	中央大学法学部政治学科 卒業（在学中に法学士号取得）	
		四月	静岡県選出の衆議院議員で建設大臣を務めた遠藤三郎の秘書に	
一九六四	昭和三九			

一九六五	昭和四〇	六月	田中角栄氏（四七歳）自由民主党幹事長に就任
一九七一	昭和四六	一二月	遠藤　三郎氏死去
一九七二	昭和四七	六月	田中角栄氏（五四歳）「日本列島改造論」を発表
		七月五日	福田赳夫氏を破り、自由民主党の総裁に就任
		七月六日	内閣総理大臣に指名
		九月二九日	日中国交正常化を実現
一九七四	昭和四九	一〇月	田中角栄氏（五六歳）「文芸春秋」に立花隆が「田中角栄研究」発表し、金脈問題を追及　内閣総辞職を表明
一九七五	昭和五〇	四月一三日	和歌山県議会議員選挙に立候補して当選、連続二期を務めた（三六歳）〜一九七三年（昭和五八年）四月二九日
一九七六	昭和五一	二月	田中角栄氏（五八歳）　ロッキード事件が発覚
一九七八	昭和五三	六月	県議会建設常任委員長　〜一九七九年（昭和五四年）四月
一九七九	昭和五四	五月	県議会文教常任委員長　〜一九八〇年（昭和五五年）七月
一九八一	昭和五六	七月	県議会関西国際空港特別委員長　〜一九八三年（昭和五八年）四月
一九八三	昭和五八	一〇月	田中角栄氏（六五歳）　ロッキード事件の一審で懲役四年、追徴金五億円の実刑判決。即日控訴
		一二月一八日	旧和歌山二区から自由民主党公認（田中派）で第三七回衆議院議員総選挙に立候補五万三六一一票を獲得し二位で当選（四四歳）

昭和47年7月7日〜12月22日　第1次田中内閣(64)

昭和47年12月22日〜昭和49年12月9日　第2次田中内閣(65)

昭和49年12月9日〜昭和51年12月24日　三木内閣(66)

昭和51年12月24日〜昭和53年12月7日　福田内閣(67)
昭和53年12月7日〜昭和55年6月12日
第1次・第2次大平内閣(68・69)
昭和55年7月17日〜昭和57年11月27日　鈴木善幸内閣(70)
昭和57年11月27日〜昭和62年11月6日
第1次・第2次・第3次中曽根内閣(71〜73)
昭和62年11月6日〜平成元年6月3日　竹下内閣(74)

西暦	和暦	月	事項
一九九〇	平成二	一月二四日	田中角栄氏（七二歳）政界引退、越山会も解散
		二月	運輸政務次官（四六代）　～一二月
一九九一	平成三	一月	衆議院予算委員会理事　～一一月
		二月	衆議院運輸委員会筆頭理事　～一〇月
一九九二	平成四	一一月	衆議院国会等の移転に関する特別委員会理事 自由民主党環境対策委員長　～一九九二年（平成四）一二月
		九月	全国旅行業協会会長就任
一九九三	平成五	一二月	
		六月	自由民主党離党、翌日新生党結党
		八月	運輸政務次官（五〇代）　～一九九四年（平成六年）四月
一九九四	平成六	一二月	新進党結党「明日の内閣」国土・交通政策担当　～一九九五年（平成七年）九月
一九九五	平成七	五月	新進党非常事態に対する日本の政治の責任を考える会代表　～一九九六年（平成八年）六月 新進党和歌山県連会長　～一九九七年（平成九年）一二月
		六月	新進党半島振興議員連盟会長　～一九九七年（平成九年）一二月
		九月	新進党選挙対策局長　～一九九七年（平成九年）一二月

内閣
平成元年8月10日～平成2年2月28日 第1次海部内閣(76)
平成2年2月28日～平成3年11月5日 第2次海部内閣(77)
平成3年11月5日～平成5年8月9日 宮澤内閣(78)
平成5年8月9日～平成6年4月28日 細川内閣(79)
平成6年4月28日～6月30日 羽田内閣(80)
平成6年6月30日～平成8年1月11日 村山内閣(81)

西暦	和暦	月	事項
一九九六	平成八	一〇月	衆議院予算委員会理事〜一九九七年（平成九年）九月
		一二月	国土開発幹線自動車道建設審議会委員
一九九七	平成九	九月	衆議院建設常任委員長〜一九九八年（平成一〇年）一月
		一二月	新進党解党
一九九八	平成一〇	一月	自由党結党〜二〇〇三年（平成一五年）九月解党
			自由党国会対策委員長／自由党農林水産・交通部会長〜一九九九年（平成一一年）一〇月
一九九九	平成一一	一〇月	運輸大臣 北海道開発庁長官 初入閣〜二〇〇〇年（平成一二年）四月
二〇〇〇	平成一二	三月	保守党 結党〜二〇〇二年（平成一四年）一二月 解党
		四月	運輸大臣／北海道開発庁長官〜七月
		七月	保守党国会対策委員長／保守党選挙対策委員長
			保守党和歌山県総支部連合会会長〜二〇〇二年（平成一四年）一二月
二〇〇一	平成一三	九月	保守党幹事長〜二〇〇二年（平成一四年）一二月
二〇〇二	平成一四	一二月	保守新党 結党
			保守新党幹事長／保守新党選挙対策委員長
			保守新党和歌山県総支部連合会会長〜二〇〇三年（平成一五年一一月）
二〇〇三	平成一五	一一月〜	保守新党解党自民党へ合流、「新しい波」（二階グループ）結成

平成8年1月11日〜平成8年11月7日 第1次橋本内閣(82)

平成8年11月7日〜平成10年7月30日 第2次橋本内閣(83)

平成10年7月30日〜平成12年4月5日 小渕内閣(84)

平成12年4月5日〜7月4日 第1次森内閣(85)

平成12年7月4日〜平成13年4月26日 第2次森内閣(86)

平成13年4月26日〜平成15年11月19日 第1次小泉内閣(87)

西暦	和暦	月日	事項
二〇〇四	平成一六	九月	自由民主党総務局長　〜二〇〇五年（平成一七）年一〇月
二〇〇五	平成一七	五月	衆議院郵政民営化特別委員会委員長　〜八月
		八月〜九月	衆議院解散・総選挙。郵政民営化選挙で「刺客候補」作戦を陣頭指揮、空前の圧勝
		九月	衆議院郵政民営化特別委員会委員長（再任）　〜一〇月
		一〇月一四日	郵政民営化関連法が成立
		一〇月三一日	経済産業大臣　入閣　〜二〇〇六年（平成一八年）九月
二〇〇六	平成一八	九月	自由民主党国会対策委員長　〜二〇〇七年（平成一九年）八月二七
		一二月二〇日	観光立国推進基本法制定
二〇〇七	平成一九	四月	稲むらの火の館　開館
		八月二七日	自由民主党総務会長　〜二〇〇八年（平成二〇）年八月一日
二〇〇八	平成二〇	八月二日	経済産業大臣　〜九月二四日
		九月二十四日	経済産業大臣　〜二〇〇九年（平成二一年）九月一六日
二〇〇九	平成二一	九月一三日〜	自由民主党和歌山県支部連合会　会長
		一〇月〜	自由民主党筆頭幹事長代理兼選挙対策局長
二〇一〇	平成二二		
二〇一一	平成二三	七月〜	自由民主党連動型地震による超広域災害への備えを進める議員連盟会長

内閣
平成15年11月19日〜平成17年9月21日 第2次小泉内閣(88)
平成17年9月21日〜平成18年9月26日 第3次小泉内閣(89)
平成18年9月26日〜平成19年9月26日 第1次安倍内閣
平成19年9月26日〜平成20年9月24日 福田内閣(91)
平成20年9月24日〜平成21年9月16日 麻生内閣(92)
平成21年9月16日〜平成22年6月8日 鳩山内閣(93)
平成22年6月8日〜平成23年9月2日 菅内閣(94)

西暦	和暦	月日	事項
二〇一二	平成二四	九月三日～四日	紀伊半島大水害
		一〇月～	自民党政務調査会国土強靭化総合調査会　会長
		一二月～	「議連」　自由民主党農村基盤整備議員連盟　会長
二〇一三	平成二五	一月	自民党総務会長代行　～九月
		一〇月一五日	衆議院予算委員長　～二〇一四年（平成二六年）九月三〇日
		一二月一一日	通常国会では、戦後最速での予算成立 強くしなやかな国民生活の実現を図るための防災・減災等に資する国土強靭化基本法成立
二〇一四	平成二六	九月三日	自民党総務会長　～二〇一六年（平成二八年）八月三日
二〇一五	平成二七	二月一三日	朴　槿恵韓国大統領と青瓦台で会談
		五月二三日	習近平中国国家主席と三二〇〇人の民間旅行団が人民大会堂でレセプション
		一一月二三日	インドネシア・ジョコ大統領と会談
		一二月二三日	国連総会本会議で一一月五日を「世界津波の日」に決定 共同提案国は一四二ヵ国
二〇一六	平成二八	三月三十日	「世界津波の日」制定を記念して国連本部で津波関係国会議開催
		八月三日～	自由民主党幹事長就任
		一二月	糸魚川大規模火災　地震や津波などの自然災害が対象とされていた「被災者生活再建支援法」を「風害」として火災での初の適用

平成23年9月2日～平成24年12月26日 野田内閣(95)	平成24年12月26日～平成26年12月24日 第2次安倍内閣(96)	平成26年12月24日～平成29年11月1日 第3次安倍内閣(97)

二〇一七	平成 二九	五月二三日	文政権成立直後の訪韓、文在寅大統領と青瓦台で会談
		九月～十月	衆議院解散・総選挙 自由民主党幹事長として選挙を総指揮し、大勝に導く
二〇一八	平成 三〇		
二〇一九	令和 元		
二〇二〇	令和 二	一月一二日	フック首相ら幹部が勢ぞろいしたベトナム史上最大規模の 「日本ベトナム交流の夕べ」がダナン市で開催
		九月八日	幹事長としての日数が一四九八日となり、田中角栄氏を抜き 歴代最長
		九月一六日	菅義偉政権誕生　二階幹事長留任、在任最長記録更新中

平成29年11月1日～令和2年9月16日 第4次安倍内閣(98)	令和2年 9月16日～ 菅内閣(99)

フォトコラム

菅政権の自民党4役（2020年9月）

共生園内視察（2017年6月、韓国・木浦）

田植え（2017年6月、東京都青梅市）

第一回世界津波の日 高校生サミット（2016年11月、高知県黒潮町）

地元メディアが見た　二階俊博　力の源泉

2021年1月22日　初版発行

編　著　和歌山放送報道制作部

発行所　株式会社 和歌山放送
発行人　中村栄三
〒640-8577
和歌山県和歌山市湊本町3丁目3番地
TEL.073-428-1431（代表）

発売所　株式会社 創藝社
発売人　相田　勲
〒162-0806
東京都新宿区榎町75番地APビル5階
TEL.050-3697-3347　FAX.03-4243-3760

デザイン装丁　オオヤマデザインオフィス

印刷所　中和印刷紙器株式会社
ISBN978-4-88144-255
C0031

和歌山放送は
NEWSが充実！
もっと身近に
ワイドFM
WIDE
FM
GOOD!
エリアMAP
wbsFM 94.2
和歌山エリア
wbsFM 91.6
橋本エリア
wbsFM 92.4
御坊エリア
wbsFM 94.2
新宮エリア
wbsFM 91.6
田辺エリア
wbsFM 92.4
串本エリア
クリアな放送をお楽しみください
いっぱい
聴いてね〜
(⌒_⌒)
FM RADIO
ご利用になるには、
ワイドFM（90MHz〜）が
受信できるラジオが必要です。
ご家庭のラジオをご確認ください。
防災キャンペーン
ふるさと和歌山の防災
【(月) 午後6時30分〜6時45分】
防災ひとくちメモ
あなたのそばに　いつもラジオを…